中国居民劳动供给行为及政策反应的经验研究

周 闯◇著

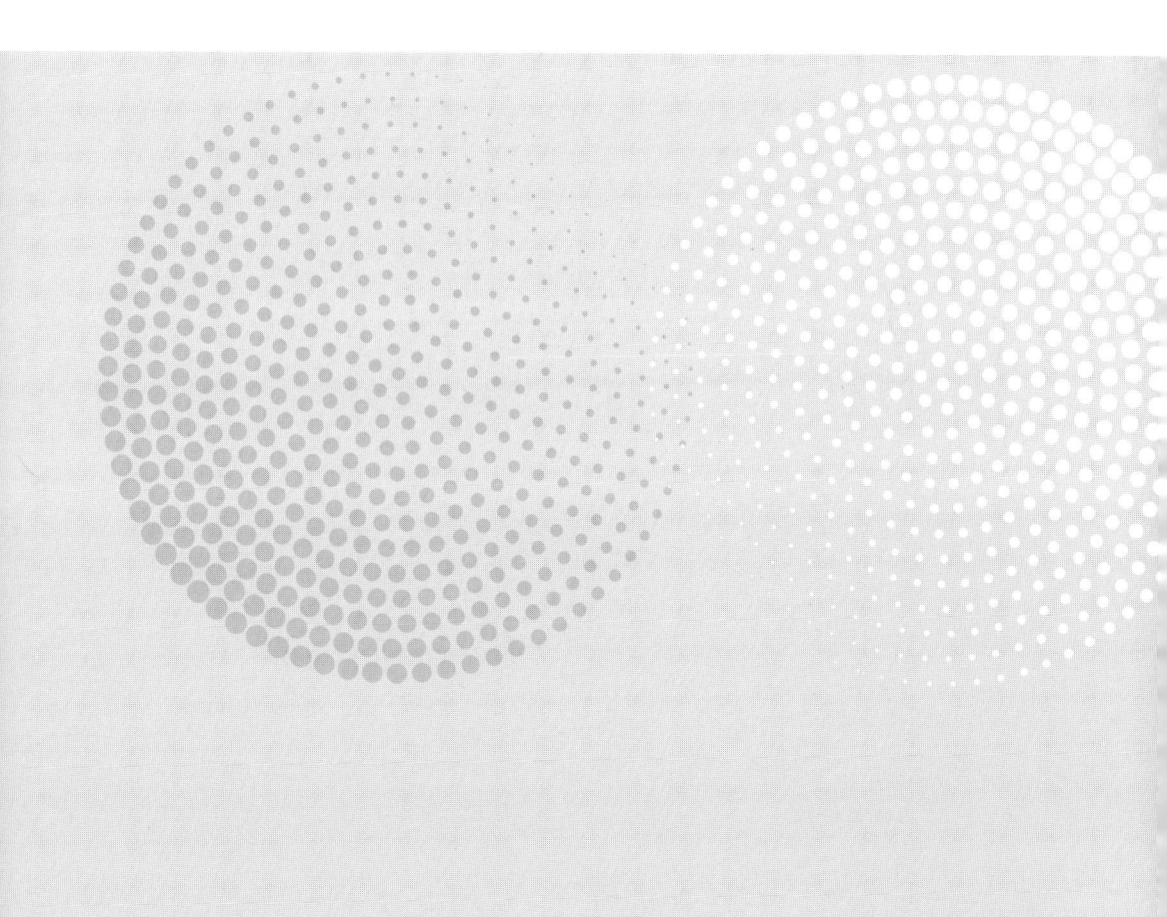

中国社会科学出版社

图书在版编目(CIP)数据

中国居民劳动供给行为及政策反应的经验研究/周闯著.—北京：中国社会科学出版社，2017.5
ISBN 978-7-5203-0126-8

Ⅰ.①中… Ⅱ.①周… Ⅲ.①居民—劳动力调配—研究—中国 Ⅳ.①F249.21

中国版本图书馆 CIP 数据核字（2017）第 074456 号

出 版 人	赵剑英
选题策划	刘 艳
责任编辑	刘 艳
责任校对	陈 晨
责任印制	戴 宽

出　　版	中国社会科学出版社
社　　址	北京鼓楼西大街甲 158 号
邮　　编	100720
网　　址	http://www.csspw.cn
发 行 部	010-84083685
门 市 部	010-84029450
经　　销	新华书店及其他书店

印刷装订	北京君升印刷有限公司
版　　次	2017 年 5 月第 1 版
印　　次	2017 年 5 月第 1 次印刷

开　　本	710×1000　1/16
印　　张	11.25
插　　页	2
字　　数	201 千字
定　　价	56.00 元

凡购买中国社会科学出版社图书，如有质量问题请与本社营销中心联系调换
电话：010-84083683
版权所有　侵权必究

目 录

引言 …………………………………………………………… 1

第一章 劳动供给理论与经验研究方法 ………………………… 1
 第一节 静态劳动供给理论与生命周期劳动供给理论 ……… 1
  一 静态劳动供给理论与工作时间模型的设定 ………… 1
  二 生命周期劳动供给理论与工作时间模型的设定 …… 5
 第二节 保留工资理论与劳动参与 ………………………… 13
  一 保留工资理论 ………………………………………… 13
  二 劳动参与模型的设定 ………………………………… 14
  三 工作时间方程估计中的样本选择偏差 ……………… 16
 第三节 公共政策劳动供给效应的经验研究方法 ………… 18
  一 劳动供给行为微观模拟模型 ………………………… 20
  二 "自然实验"方法 …………………………………… 26

第二章 劳动供给行为经验研究成果的回顾 …………………… 30
 第一节 劳动供给行为的经验研究 ………………………… 30
  一 静态劳动供给行为的经验研究 ……………………… 30
  二 生命周期劳动供给行为的经验研究 ………………… 35
  三 劳动参与行为的经验研究 …………………………… 37
 第二节 公共政策劳动供给效应的经验研究 ……………… 41
 第三节 中国居民劳动供给的经验研究 …………………… 43

第三章 城镇居民劳动供给行为的经验研究 …… 49
第一节 城镇居民劳动参与行为的经验研究 …… 49
一 劳动参与参数二元选择模型的设定 …… 50
二 劳动参与半参数二元选择模型的设定 …… 52
三 城镇居民劳动参与行为的统计描述和回归分析 …… 56
四 本节结论 …… 71
第二节 城镇居民工作时间选择行为的经验研究 …… 72
一 连续工作时间选择模型的设定 …… 74
二 离散工作时间选择模型的设定 …… 75
三 城镇居民工作时间选择行为的统计描述和回归分析 …… 78
四 本节结论 …… 88
第三节 城镇居民就业的性别差异及区域比较 …… 89
一 模型的构建与分解方法 …… 90
二 数据的来源与统计描述 …… 94
三 就业性别差异的分解结果 …… 96
四 就业性别差异的区域比较 …… 98
五 本节结论 …… 99

第四章 农民工劳动供给行为的经验研究 …… 101
第一节 农民工的劳动参与与工作时间选择 …… 101
一 农民工劳动供给状况的统计描述 …… 101
二 回归模型设定 …… 105
三 回归结果分析 …… 109
四 本节结论 …… 114
第二节 农民工就业稳定性影响因素的经验分析 …… 115
一 数据的来源和分析方法 …… 116
二 变量的选取及统计描述 …… 120
三 结果分析 …… 123
四 本节结论 …… 127

第五章 城市贫困群体就业扶持政策的劳动供给效应 …………… 130
第一节 差中差方法 …………………………………………………… 131
第二节 就业扶持政策劳动供给效应的统计描述 …………………… 132
第三节 劳动供给模型的设定 ………………………………………… 135
第四节 就业扶持政策劳动供给效应的回归分析 …………………… 137
第五节 本章结论 ……………………………………………………… 141

第六章 工薪所得税减除费用标准提升的劳动供给效应 ………… 143
第一节 劳动供给模型的设定 ………………………………………… 144
第二节 劳动供给模型的回归结果 …………………………………… 147
第三节 工薪所得税减除费用标准提升劳动供给效应的微观模拟 …………………………………………………… 150
第四节 本章结论 ……………………………………………………… 157

本书结论 ………………………………………………………………… 159

主要参考文献 …………………………………………………………… 161

引　　言

改革开放以来，中国经济实现了高速增长，城镇居民收入不断提高，但不可否认的是随着市场经济改革的不断深化，城镇居民就业问题却逐渐凸现出来。国企改革释放的冗余劳动力的再就业困难、向城镇转移的农村富余劳动力就业的不正规、毕业大学生就业质量的不理想等无不成为经济发展中的突出问题。就业是劳动需求与供给共同作用的结果。长期以来，中国经济的高速增长为劳动需求创造了充足的空间，劳动需求一直是就业的主导因素。尽管充裕的劳动供给是中国经济发展的比较优势，但也正是这种充裕的特征使劳动供给在就业中处于次要地位。随着劳动年龄人口的减少，中国的"人口红利"正逐渐消失，尽管对于"刘易斯拐点"是否到来还存在一定的争议，但劳动力因素越来越成为制约中国经济发展的因素则是不争的事实。与劳动年龄人口减少相伴随的一个劳动力市场特征是劳动参与率的逐渐下降，二者的叠加，进一步放大了劳动力因素对中国经济发展的影响。在这样的背景下，劳动供给研究的意义越发彰显。通过对中国居民劳动供给的研究，把握劳动供给的一般特征，从而能够设计和实施充分挖掘"人口红利"的公共政策，为中国经济的发展提供支撑。

劳动供给一直是劳动经济学研究中的主流问题。自20世纪60年代以来，劳动供给理论得到长足的发展。静态劳动供给理论、生命周期劳动供给理论和保留工资理论奠定了劳动供给行为分析的理论基础。伴随着劳动供给理论的发展，劳动供给行为的经验研究也大量出现。20世纪70年代，麦克法登（McFadden，1973）和赫克曼（Heckman，1979）先后提出二元离散选择模型和修正样本选择偏差的两阶段方法，使得劳动供给行为的经验研究取得突破性进展，并导致经济计量学出现了一个新的分支——微观经济计量学。经济学者一方面开始陆续地使用二元离散选择模型估计劳动参与方程,估算劳动参与的工资弹性和收入弹性;另一方面开始陆续使用修正样本选择偏差的微观计量方法估计工作时间方程,估算工作时间的工资弹性和收入弹性。随着微观计量方法和计算机技术的发展,近些年来出现了一些分析劳动供给行为的新方法,比如:使用多元离散选择模型估计效用方程,并使用模拟的方法分析个体的劳动供给行为;使用联立极大似然估计方法联立估计劳动参与方程和工资方程,分析个体的劳动参与行为;使用半参数方法估计劳动参与方程,分析个体的劳动参与行为;等等。在评价公共政策对个体的劳动供给行为的影响方面,则出现了劳动供给行为微观模拟方法和"自然实验"方法。

随着理论和方法的进展,国外关于劳动供给行为的经验研究普遍展开。尽管不同研究所使用的数据集通常来自不同地区和不同时期,且使用的方法也不尽相同,但国外经济学者还是达成了劳动参与比工作时间反应敏感,女性劳动供给行为比男性劳动供给行为反应敏感的经验共识。由于中国劳动力市场改革起步较晚,劳动力市场微观调查数据相对匮乏,关于中国居民劳动供给行为的研究成果相对较少。目前,国内关于劳动供给行为的经验研究主要集中于劳动参与和工作时间影响因素的分析,如城镇居民劳动参与和工作时间的影响因素,农村流动劳动力在城镇劳动力市场上劳动参与和工作时间的影响因素等。经验分析中所使用的方法多数为参数二元选择模型和修正样本选择偏差的赫克曼两阶段方法。在现有的文献中,定量估计劳动参与和工作时间对工资率和非劳动收入反应的经验研究相对较少,分析公共政策对个体劳动供给行为影响的经验研究更是比较鲜见。如果不能够清晰地把握中国居民劳动供给行为的特征,就无法深刻理解劳动力市场运行规律,无法准确度量公共政策对居民劳动供给行为所产生的影响。

基于此,本书依据中国城镇劳动力市场的微观调查数据,在劳动供给理论框架下,分析了中国转型时期居民的劳动供给行为,在对居民的劳动供给行为特征具有了清晰的认识之后,进一步分析针对贫困群体的就业扶持政策所产生的劳动供给效应和个人所得税减除费用标准提升的劳动供给效应。本书的篇章结构如下:

第一章对劳动供给理论和经验研究方法进行回顾，包括静态劳动供给理论、生命周期劳动供给理论、保留工资理论、与各种理论相对应的经验研究中模型的设定形式以及分析公共政策劳动供给效应的行为微观模拟方法和"自然实验"方法。

第二章对劳动供给行为的经验研究进行回顾，包括静态劳动供给行为的经验研究、生命周期劳动供给行为的经验研究、劳动参与行为的经验研究、应用劳动供给行为微观模拟方法和"自然实验"方法分析公共政策作用效果的经验研究以及国内劳动供给经验研究的进展。

第三章分析城镇户籍居民的劳动参与行为与工作时间选择行为，估算劳动参与的工资弹性和收入弹性，比较女性和男性之间以及不同收入群体之间劳动参与行为的差异，进一步分析女性与男性在就业上的差异，判断劳动力市场对女性的就业歧视程度。

第四章分析城镇劳动力市场上另一占有重要地位的群体农民工的劳动参与行为和工作时间选择行为。除劳动参与和工作时间选择外，农民工就业的非正规性较强，就业并不稳定，因此，本章另一关注的问题是农民工就业稳定性的影响因素，并试图找到提升农民工就业稳定性的对策。

第五章和第六章将分析的焦点转向劳动供给的政策反应上。第五章应用"自然实验"方法分析贫困群体就业扶持政策的劳动供给效应，对就业扶持政策的作用效果进行评价。第六章采用微观模拟方法分析个人所得税减除费用标准提升对城镇居民劳动供给行为产生的影响，给出城镇居民劳动供给行为发生改变后，收入分配格局的变化，对减除费用标准提升的作用效果进行评价。

由于作者自身能力有限，研究中难免存在疏漏和不足，敬请专家、学者和同人批评指正，这将成为作者在未来学术道路上不断前进的动力。

第一章 劳动供给理论与经验研究方法

劳动供给是劳动经济学的重要组成部分。20 世纪 60 年代后,劳动供给理论得到了长足的发展。本章第一节将回顾静态劳动供给理论和生命周期劳动供给理论,并介绍与静态和生命周期劳动供给理论相对应的工作时间模型的设定。现实生活中存在着部分未参与劳动的个体,市场工资率和保留工资的比较决定了个体是否劳动参与,同时未劳动参与个体的存在会对工作时间方程的经验估计产生影响,本章第二节将介绍保留工资的含义,给出劳动参与模型的设定,并介绍工作时间模型估计过程中的样本选择偏差问题。公共政策的实施会对个体的劳动供给行为产生影响,进而会影响公共政策的预期目标,本章第三节将介绍评价公共政策劳动供给效应的行为微观模拟方法和"自然实验"方法。

第一节 静态劳动供给理论与生命周期劳动供给理论

一 静态劳动供给理论与工作时间模型的设定

(一)个体劳动供给理论

静态个体劳动供给理论[1]源于经典的消费—闲暇需求理论,即在预

---

[1] 按照赫克曼(Heckman)1993 年的观点,劳动供给分为广度(extensive margin)劳动供给和深度(intensive margin)劳动供给,前者指劳动参与,后者指劳动参与后的工作时间,因此个体的劳动供给行为应该包括劳动参与行为和劳动参与后的工作时间选择行为两个方面。在经典劳动供给理论的阐述中,个体的劳动供给指的是劳动参与后工作时间,本章仍然遵照劳动供给理论的表述,将个体劳动参与后的工作时间称为劳动供给。在后面各章的经验分析中,将个体的劳动供给行为明确区分为劳动参与行为和劳动参与后的工作时间选择行为(为表述方便,直接称为工作时间选择行为)。

算约束下最大化由消费和闲暇决定的效用函数,确定最优的闲暇进而确定工作时间。假定个体在当期内(假定为 t 期)最大化拟凹的效用函数:

$$U(c_t, l_t, x_t) \tag{1.1.1}$$

其中,c_t,l_t 和 x_t 分别表示个体的消费、闲暇和个体属性。个体最大化自身的效用函数的预算约束表示为:

$$c_t + w_t l_t = y_t + w_t T_t \tag{1.1.2}$$

其中,w_t 表示工资率,y_t 表示非劳动收入[①],T_t 表示可支配的总时间,等于闲暇 l_t 和工作时间 h_t 之和。式(1.1.2)的右侧包括个体时间禀赋的全部价值与非劳动收入,通常将其定义为"完全收入",用 M_t 表示这一收入概念,即:

$$M_t = y_t + w_t T_t \tag{1.1.3}$$

在式(1.1.2)的预算约束下,最大化效用函数式(1.1.1)的一阶条件为:

$$U_c(c_t, l_t, x_t) = \lambda_t$$
$$U_l(c_t, l_t, x_t) \geq \lambda_t w_t \tag{1.1.4}$$

其中,λ_t 表示收入的边际效用。如果式(1.1.4)中的不等式严格不等,个体将不工作,此时 $l_t = T_t$。当 $U_l(c_t, T_t, x_t) = \lambda_t w_t$ 时的工资率称为保留工资,市场工资率小于保留工资时,个体将不工作。

从式(1.1.4)中消除 λ_t 可以得到:

$$U_l / U_c = MRS(c_t, l_t, x_t) \geq w_t \tag{1.1.5}$$

解相等性条件得到消费和闲暇马歇尔(Marshallian)需求函数:

$$c_t = c(w_t, M_t, x_t)$$
$$l_t = l(w_t, M_t, x_t) \tag{1.1.6}$$

利用 $h_t = T_t - l_t$ 和 M_t 的定义,可以得到工作时间方程:

$$h_t = h(w_t, y_t, x_t) \tag{1.1.7}$$

式(1.1.7)称为马歇尔工作时间函数。由式(1.1.7)可以得到工作时间变动百分比与工资率变动百分比的比值,称为工作时间的马歇

[①] y_t 也可以表示净储蓄收入,由式(1.1.2)可以得到 $c_t = y_t + w_t h_t$,c_t 表示消费支出,$w_t h_t$ 表示劳动收入,当期净储蓄收入加上劳动收入等于当期的消费支出。

尔工资弹性（又称非补偿性工资弹性），具体可以表示为：

$$e_m = \partial \ln h_t / \partial \ln w_t \quad (1.1.8)$$

马歇尔工资弹性是在工资率变动后，为维持当期收入不变，工作时间需要变动的百分比与工资率变动的百分比的比值。与马歇尔工资弹性相对应的另一弹性概念是希克斯（Hicksian）工资弹性（又称补偿性工资弹性），它是指在工资率变动后，为当期维持效用不变，工作时间需要变动的百分比与工资率变动的百分比的比值。马歇尔工资弹性和希克斯工资弹性可以通过斯勒茨基（Slutsky）方程联系起来。用 e_h 表示希克斯工资弹性，则二者的关系可以表示为：

$$e_m = e_h + \theta h'_y \quad (1.1.9)$$

其中，$\theta = w_t h_t / y_t$，$h'_y = \partial h_t / \partial y_t$，由于 $\theta \geq 0$，并且当闲暇为正常品时 $h'_y \leq 0$，因而当闲暇为正常品时 $e_m \leq e_h$，即马歇尔工资弹性要小于希克斯工资弹性。

（二）家庭劳动供给理论

家庭会对个体的劳动供给行为产生影响，将劳动供给行为分析置于家庭背景中增加了分析的维度。许多影响劳动供给行为的公共政策只有在家庭劳动框架下才能得到恰当的理解[①]。

假定一个家庭包括两个工作年龄个体，其他解释变量包含在家庭属性向量 x_t 中，家庭最大化包括消费 c_t、每个家庭成员的闲暇 l_{1t} 和 l_{2t} 的联合效用，因而家庭效用函数可以表示为：

$$U(c_t, l_{1t}, l_{2t}, x_t) \quad (1.1.10)$$

家庭的预算约束表示为：

$$c_t + w_{1t} l_{1t} + w_{2t} l_{2t} = y_{1t} + y_{2t} + w_{1t} T_{1t} + w_{2t} T_{1t} \quad (1.1.11)$$

完全收入表示为：

$$M_t = y_t + w_{1t} T_{1t} + w_{2t} T_{2t} \quad (1.1.12)$$

---

① 家庭劳动供给模型分为单一模型和集体模型。单一模型把家庭看作是具有效用函数的单一行为主体；集体模型假定家庭中每个成员独立决策，家庭只是扩大了每个成员选择范围的特定分析框架。由于在集体模型分析中，家庭非劳动收入在家庭成员间分配具有复杂性，并且无法对未参与行为进行处理，因此，家庭劳动供给的经验研究主要是基于单一模型进行的。本书只介绍单一模型，关于集体模型的具体介绍参见基亚波里（Chiappori）1992年、1997年和1998年的研究成果。

其中，y_t 表示家庭的非劳动收入，等于每个家庭成员的非劳动收入 y_{1t} 和 y_{2t} 之和。

在式（1.1.11）的预算约束下，最大化效用函数式（1.1.10）的一阶条件为：

$$U_c(c_t, l_{1t}, l_{2t}, x_t) = \lambda_t$$
$$U_{l1}(c_t, l_{1t}, l_{2t}, x_t) \geq \lambda_t w_{1t} \qquad (1.1.13)$$
$$U_{l2}(c_t, l_{1t}, l_{2t}, x_t) \geq \lambda_t w_{2t}$$

与个体劳动供给相似，每个家庭成员的保留工资可以通过求解式（1.1.13）中闲暇等于可支配总时间时的相等性条件得到。商品和闲暇的需求函数分别可以表示为：

$$c_t = c(w_{1t}, w_{2t}, y_{1t}, y_{2t}, x_t)$$
$$l_{1t} = l_1(w_{1t}, w_{2t}, y_{1t}, y_{2t}, x_t) \qquad (1.1.14)$$
$$l_{2t} = l_2(w_{1t}, w_{2t}, y_{1t}, y_{2t}, x_t)$$

由闲暇和工作时间的关系可以得到每个家庭成员的工作时间。家庭劳动供给单一模型为理解家庭中每个成员的劳动供给行为提供了可行的框架，如果效用在个体闲暇水平上是弱可分的，那么使用合理的收入定义，可以得到个体的工作时间函数。在单一模型中，非劳动收入在家庭成员间的分布没有意义，唯一重要的是家庭非劳动收入的总和，这被称为"收入合并（income pooling）"假设，其经济含义在于不必区分家庭成员中谁是转移支付的受益者。

（三）静态工作时间模型的设定

与静态劳动供给理论对应的工作时间方程的设定形式为：

$$h_t = \alpha \ln w_t + q_t' \beta + \varepsilon_t \qquad (1.1.15)$$

其中，α 和 β 表示参数，q_t 表示除工资率外的其他影响工作时间的解释变量，ε_t 表示不可观测的随机扰动项。在工作时间方程中，工资率、非劳动收入和其他控制变量的相加性意味着对个体或者家庭偏好的限制性。

式（1.1.15）中的 α 确定了个体对工资率变动所产生的工作时间反应，对这种反应的解释取决于向量 q_t 中包含的解释变量。在不同的劳动供给理论下，q_t 采用不同的形式。

在静态工作时间方程的经验设定中，$q_t'\beta = x_t'\rho + \theta y_t$，其中，$x_t$ 表示可观测的个体属性，y_t 表示非劳动收入。在个体劳动供给理论中，工作时间方程中的非劳动收入 y_t 通常以资产的利息收入 $r_t A_{t-1}$ 和除资产性收入外的其他非劳动收入 B_t 的和加以度量，而在家庭劳动供给理论中，y_t 还应该包括家庭其他成员的劳动收入。如果消费者完全短视或者资本市场完全约束从而不能跨期转移资本，那么静态工作时间方程的设定在分析劳动供给行为时就是恰当的。

二 生命周期劳动供给理论与工作时间模型的设定

在生命周期劳动供给理论中，劳动供给是生命周期决策制定过程的一部分。个体在早年入学，通过劳动积累财富，晚年做出退休决策，所有这些只能在生命周期理论的框架中得到阐述。个体将部分劳动收入作为储蓄，从而在退出劳动力市场后，用来维持本人和家人的生活。健康状况、家庭构成、工资率等的变动都会使个体为平滑收入和生活保障的目的而调整工作时间。

生命周期劳动供给理论以生命周期效用函数为特征：

$$U = U(c_t, l_t, x_t, c_{t+1}, l_{t+1}, x_{t+1}, \cdots, c_\tau, l_\tau, x_\tau) \quad (1.1.16)$$

跨期预算约束可以用资产 A 的时间路径表示：

$$A_{t+1} = (1 + r_{t+1})(A_t + B_t + w_t h_t - c_t) \quad (1.1.17)$$

其中，A_{t+1} 是 $t+1$ 期初资产的实际价值，r_{t+1} 表示 t 与 $t+1$ 期之间资产的实际回报率，B_t 表示除资产性收入外的其他非劳动收入，个体在固定的时期 τ 内（假定 τ 已知），在一系列（所有 t 期）由式（1.1.17）给定的预算约束下最大化效用函数（1.1.16）。

假定效用函数在时间上是可分的，即效用函数可表示为：

$$U = U(U^t(c_t, l_t, x_t), U^{t+1}(c_{t+1}, l_{t+1}, x_{t+1}), \cdots, U^\tau(c_\tau, l_\tau, x_\tau))$$

$$(1.1.18)$$

在这种情况下，s 期闲暇与消费之间的边际替代率可以表示为：

$$MRS_s \equiv (\partial U/\partial l_s)/(\partial U/\partial c_s) = U_l^s/U_c^s \quad (1.1.19)$$

将其与跨期预算约束结合，得到效用最大化的一个必要条件：

$$MRS_s \geq w_s \quad (1.1.20)$$

根据时间可分性，期内边际替代条件给出了闲暇与消费的相对数量。需要找到一个统计量，这个统计量能够表示其他期因素对当期决策的影响，进而确定当期的闲暇和消费。两种处理方法是两阶段预算方法和资产边际效用恒定的方法。

（一）两阶段预算劳动供给理论

两阶段预算劳动供给理论的基本思想是：由于期内边际替代条件描述了消费和闲暇行为，只需要把完全收入 M_t 分配到各期，从而可以像解决静态问题一样最大化每期的效用[①]。个体的决策规则分为两个阶段：首先，确定财富在各期的分配；其次，求解每期内标准的静态最大化问题。这个问题的求解过程可以通过颠倒这两个阶段得到。首先，在给定的某一 M_t 下，最大化各期效用，得到每期的间接效用函数 $V_t(M_t, w_t)$。然后，将 V_t 代入直接效用函数 U_t，在当前资产与未来各期工资率给定的情况，选择最大化直接效用函数的 M_t。

1. 未来因素确定性下的两阶段预算劳动供给理论

在未来因素确定性的情况下，消费、闲暇和工作时间可以由方程（1.1.6）和 M_t 的方程给出：

$$M_t = M(A_{t-1}, r_t, w_t, y_t, x_t, z_t) \qquad (1.1.21)$$

其中，A_{t-1} 表示 $t-1$ 期末的资产，z_t 表示 w，y，r，x 的未来值，并且这些未来值是确定的。

两阶段预算模型自动校正了多期模型中随资产变动的完全收入。由 M_t 的定义可以得到 $M_t = c_t + w_t l_t = y_t + w_t T_t = rA_{t-1} + \Delta A_t + B_t + w_t T_t$，其中，$rA_{t-1}$ 表示可用于 t 期消费的资产利息收入，ΔA_t 表示 t 期末实际资产水平的调整量[②]。

在两阶段预算框架下，工作时间选择可以在预算约束 $c_t = y_t^c + w_t h_t$ 下最大化 $U(c_t, h_t, x_t)$ 得到，其中，$y_t^c = rA_{t-1} + \Delta A_t + B_t$。

第一阶段分配式（1.1.21）变成：

$$y_t^c = y^c(A_{t-1}, r_t, w_t, B_t, x_t, z_t) \qquad (1.1.21')$$

此外，如果消费与闲暇（或工作时间）能被观测，那么也可以直

[①] 对两阶段预算劳动供给理论和经验研究中工作时间模型设定的具体介绍参见戈尔曼（Gorman）1959 年和 1968 年的研究成果。

[②] 静态劳动供给理论中的非劳动收入并不包含表示资产跨期调整的 ΔA_t。

接观测 M_t：

$$M_t = c_t + w_t l_t \qquad (1.1.22)$$

对完全收入 M_t（或非劳动收入 y_t）的合理调整可以通过各期资产信息或消费信息得到。因此，在设定一些期望变量 z_t 后，可以像在静态模型中一样估计个体的消费和闲暇。两阶段预算工资弹性 e_b 可以用 y_t^c 代替 y_t 后经过推导得到，同时得到其他感兴趣参数的估计。

2. 未来因素不确定性下的两阶段预算劳动供给理论

在未来因素不确定性的情况下，方程（1.1.6）和方程（1.1.21）仍然给出了个体的消费和闲暇选择。实际上求解特定期的支出分配 M_t 现在变得更加困难，原因在于资产不能在生命初期被分配，而是伴随着信息的出现在各期重新分配，可以通过动态规划解决这一问题。式（1.1.21）（或式（1.1.21'））中的变量 z_t 包括未来工资率、收入和偏好的分布，而不是已经确定的值。

（二）弗里希（Frisch）劳动供给理论

弗里希劳动供给，即资产边际效用恒定的劳动供给，提供了分析生命周期效用最大化问题的另一种途径[①]。资产的边际效用参数 λ_t 作为充分统计量包含了用以解决当期最大化问题的其他期所有的信息。

1. 未来因素确定性下的弗里希劳动供给理论

假定个体在资产时间路径式（1.1.17）的预算约束下选择消费和闲暇从而最大化效用函数（1.1.18），并且效用函数在时间上是可分的，则式（1.1.18）可以表示为：

$$U = \sum_{k=t}^{\tau} \beta^k U(c_k, l_k, x_k) \qquad (1.1.23)$$

其中，β 表示贴现因子。基于动态规划方法，最大化（1.1.23）可以得到如下的一阶条件：

$$\begin{aligned} U_c(c_t, l_t, x_t) &= \lambda_t \\ U_l(c_t, l_t, x_t) &\geqslant \lambda_t w_t \\ \lambda_t &= \beta(1 + r_{t+1})\lambda_{t+1} \end{aligned} \qquad (1.1.24)$$

[①] 关于弗里希劳动供给理论以及经验研究中的弗里希工作时间模型和完全生命周期工作时间模型设定的具体介绍参见麦柯迪和赫克曼（MaCurdy & Heckman）1980 年的研究成果以及麦柯迪 1981 年的研究成果。

$\lambda_t = \partial U/\partial A_t$ 表示资产的边际效用,式(1.1.24)与静态劳动供给的一阶条件相同,只是另外包含了 λ 的欧拉(Euler)方程。欧拉方程是求解弗里希劳动供给的关键,因为它决定了资产的跨期分配规则。在欧拉方程的约束下,个体进行储蓄从而使 t 期资产的边际效用等于 $t+1$ 期资产的边际效用的贴现值,贴现率是 $\beta(1+r_{t+1})$。

求解式(1.1.24)可以得到 t 期的消费和闲暇:

$$c_t = c(w_t, x_t, \lambda_t)$$
$$l_t = l(w_t, x_t, \lambda_t) \geq 0 \quad (1.1.25)$$

式(1.1.25)是消费和闲暇的弗里希需求函数,利用工作时间和闲暇的关系可以得到弗里希工作时间函数。弗里希劳动供给是维持资产边际效用不变情形下的劳动供给。

欧拉方程意味着资产边际效用 λ 的时间路径可以表示为:

$$\ln\lambda_t = b_t + \ln\lambda_{t-1} \quad (1.1.26)$$

其中,$b_t = -\ln(\beta(1+r_t))$,通过迭代可以得到:

$$\ln\lambda_t = \sum_{j=1}^{t} b_j + \ln\lambda_0 \quad (1.1.27)$$

因此,式(1.1.25)中的 λ_t 可以由个体固定效应 λ_0 和年龄效应 $\sum_{j=1}^{t} b_j$ 的和得到。

2. 未来因素不确定性下的弗里希劳动供给理论

引入未来因素的不确定性,个体的效用函数变成:

$$U = U(c_t, l_t, x_t) + \sum_{k=t+1}^{\tau} E(\beta^k U(c_k, l_k, x_k)) \quad (1.1.28)$$

约束条件是式(1.1.17)的资产累积规则。效用最大化的一阶条件为:

$$U_c(c_t, l_t, x_t) = \lambda_t$$
$$U_l(c_t, l_t, x_t) \geq \lambda_t w_t \quad (1.1.29)$$
$$\lambda_t = \beta E_t[\lambda_{t+1}(1+r_{t+1})]$$

与确定性情况的唯一区别是 λ_{t+1} 现在是一随机变量,直到 $t+1$ 期初才会实现。式(1.1.29)给出的储蓄分配规则决定了 λ 的时间路径。由于个体不能完全控制自己的资产水平,在获取资产信息的同时所处的环境也发生了变化,因而 λ_t 是随机的。对式(1.1.29)给出的 λ 的描述可以采用下面的形式:$\ln\lambda_t = b_t + \ln\lambda_{t-1} + \eta_t$,$b_t$ 取决于贴现因子 β,利率 r_t 和预期误差 η_t 的矩。假定 $b_t = b^*$ 在各期都相同,通过迭代可以得到:

$$\ln\lambda_t = \sum_{j=1}^{t} b_j + \ln\lambda_0 + \sum_{t=1}^{t} \eta_t = b^* t + \ln\lambda_0 + \sum_{t=1}^{t} \eta_t \quad (1.1.30)$$

结合方程(1.1.30)与方程(1.1.25)可以得到不确定性情况下生命周期行为的简单认识。在生命开始初期,个体设定包含所有可用信息的 λ_0 的初值,随着年龄的增长,个体根据式(1.1.30)更新 λ 从而对新获得的信息作出反应。在每个时期,个体只需要更新 λ 并根据当期工资率和个体属性来决定其最优消费和闲暇需求,进而确定其最优的工作时间。

在确定性和不确定性情况下估计式(1.1.25)可以得到工作时间的弗里希工资弹性 e_f,度量了在 λ 恒定的情况下,当期工资率的变化对当期工作时间所产生的影响。弗里希工资弹性的具体含义为:在当期工资率变动的情况下,为维持资产的边际效用不变,工作时间变动的百分比与工资率变动的百分比的比值。在完全确定的情况下,λ 的时间路径仅由已知的利率、贴现因子和 λ 的初期值 λ_0 决定。如果假定 λ_0 是外生的,那么其他期工资率的变化不会对 λ 产生影响,因而并不会影响当期工作时间。弗里希工资弹性是评价当期工资率变化对当期工作时间影响的弹性。

弗里希工资弹性给出了当期工资率变化对当期工作时间所产生的影响。然而,如果想评价工资率时间序列变动对当期工作时间所产生的影响,那么必须考虑 λ_0 对生命周期中全部工资率的依存度。布兰查德和费希尔(Blanchard & Fischer)1987 年举例给出了工资率时间序列变动和当期工资率变动对当期工作时间所产生影响的差别,他们的模型得出了这样的结论:工资率的永久变化不会对当期工作时间产生影响,而工资率的暂时变化会使个体调整自己的工作时间最优响应路径,从而使工作时间发生变化。尽管布兰查德-费希尔模型是在一定的假设条件下得出结论的,但这说明在经验研究中需要对 λ_0 进一步加以设定,进而分析工资率时间序列变动对劳动供给所产生的影响。

(三)生命周期工作时间模型的设定

1. 两阶段预算工作时间模型的设定

在两阶段预算框架下,工作时间方程的估计需要设定 $q'_t\beta = x'_t\rho +$

θy_t^c，其中，y_t^c 是在式（1.1.21'）中定义的基于消费的收入度量。估计两阶段预算工作时间方程可以得到两阶段预算工资弹性 e_b。

e_b 确定了在保持第一阶段收入分配不变的情况下，当期工资率的变动对当期工作时间所产生的影响，它说明了沿工资曲线的工资率变动对当期工作时间的影响，而没有说明预期的以后各期工资率时间序列变动对当期工作时间所产生的影响，即没有说明工资曲线整体移动对当期工作时间的影响。

2. 弗里希工作时间模型的设定

为构造形如式（1.1.15）形式的弗里希工作时间方程，假定 t 期的即期效用函数采用如下形式：

$$U_t = G(c_t, x_t) - \psi_t h_t^\sigma \qquad (1.1.31)$$

G 是 c_t 的单调递增函数，$\sigma > 1$ 表示对所有个体都相同并且不随时间改变的参数，ψ_t 是个体属性的函数。将 ψ_t 设定为 $\exp(-x_t'\rho^* - v_t^*)$，其中，$v_t^*$ 表示不可观测个体属性，ρ^* 表示可观测的个体属性的系数。

由式（1.1.24）可以得到弗里希工作时间方程为：

$$h_t = \alpha \ln w_t + x_t'\alpha\rho^* + \alpha(\ln\lambda_t - \ln\sigma) + \varepsilon_t \qquad (1.1.32)$$

其中，$\alpha = 1/(\sigma - 1)$，$\varepsilon_t = \alpha v_t^*$，式（1.1.15）中的 $q_t'\beta = F_t + x_t'\rho$，$F_t = \alpha(\ln\lambda_t - \ln\sigma)$，$\rho = \alpha\rho^*$。假定 b^* 对于所有个体都相同并且不随时间改变，在未来因素不确定性的条件下，将式（1.1.30）代入式（1.1.32）得到：

$$q_t'\beta = F_0 + bt + x_t'\rho \qquad (1.1.33)$$

其中，$b = \alpha b^*$，$F_0 = \alpha \ln\lambda_0$，工作时间方程的截距项包含 $-\alpha\ln\sigma$，并且 ε_t 中还包括了 $\alpha \sum_{j=1}^{t} \eta_t$。因此，在弗里希工作时间方程中，控制变量是外生变量 x_t，年龄和个体效应 F_0。将方程（1.1.15）做一阶差分可以得到：

$$\Delta h_t = b + \Delta x_t'\rho + \alpha\Delta\ln w_t + \Delta\varepsilon_t \qquad (1.1.34)$$

可以用面板数据拟合这一方程得到 α 的估计。依据 α 可以计算弗里希工资弹性（又称跨期替代弹性），它描述了在保持资产的边际效用不变的情形下，当期工资率的变动对当期工作时间所产生的影响。

3. 完全生命周期工作时间模型的设定

如果不仅要分析当期工资率变动对当期工作时间的影响，而且要分析工资率时间序列的变动对当期工作时间的影响，那么通常需要对 λ_0 的形式做出设定，从而形成了完全生命周期工作时间方程的经验设定形式。假设可以用如下方程近似表示 $\ln\lambda_0$：

$$\ln\lambda_0 = D_0'\varphi_0^* + \sum_{j=0}^{\tau} \gamma_{0j}^* E_0\{\ln w_j\} + \theta_0^* A_0 + a_0^* \quad (1.1.35)$$

其中，D_0 表示 0 期时个体的属性向量，$w_j, j = 0, \cdots, \tau$ 表示各期的工资率，A_0 表示初始期的资产水平，a_0^* 表示误差项，φ_0^*，γ_{0j}^* 和 θ_0^* 分别表示系数，从而 F_0 可以表示为：

$$F_0 = D_0'\varphi_0 + \sum_{j=0}^{\tau} \gamma_{0j} E_0\{\ln w_j\} + \theta_0 A_0 + a_0 \quad (1.1.36)$$

其中，φ_0，γ_{0j}，θ_0 和 a_0 分别等于 φ_0^*，γ_{0j}^*，θ_0^* 和 a_0^* 乘以 α，工作时间方程的截距项中包含 $-\alpha\ln\sigma$。这种经验设定具有较强的简化约束，它假定个体知道自己会工作 τ 期，并且在截距和其他系数中包括了利率和时间偏好的任何效应。

由式（1.1.36）可以得到式（1.1.15）的形式为：

$$q_t'\beta = D_0'\varphi_0 + \sum_{j=0, j\neq t}^{\tau} \gamma_{0j} E_0\{\ln w_j\} + \theta_0 A_0 + bt + x_t'\rho \quad (1.1.37)$$

式（1.1.15）中的扰动项 $\varepsilon_t = \alpha_0 + \alpha v_t + \sum_{j=1}^{t} \eta_t - \gamma_{0t}(\ln w_t - E_0\{\ln w_t\})$。因此，$q_t$ 包含所有用来产生 λ_0 的生命初期控制变量和所有对 t 期效用函数有影响的控制变量，包括年龄、初始财富和初始期时对以后各期工资的期望。将式（1.1.37）代入式（1.1.15）形成完全生命周期工作时间方程，对这一方程进行估计产生 $\alpha + \gamma_{0t}$ 与 $\gamma_{0j}, j = 0, \cdots, \tau, j \neq t$ 的估计值，前者确定 t 期工资率变动对 t 期工作时间所产生的影响，称为完全生命周期自身非补偿性工资弹性，后者确定了其他期工资率变动对 t 期工作时间所产生的影响，称为完全生命周期交叉非补偿性工资弹性，两者之和即为完全生命周期工资弹性值 e_s。为得到式（1.1.37），需要对消费者未来预期的工资率进行预测。假定在 0 期时预期的生命周期工资路径为：

$$E_0\{\ln w_t\} = \pi_0 + \pi_1 t + \pi_2 t^2 + u_t \quad (1.1.38)$$

其中，π 表示个体不随时间变化属性的确定函数，u_t 是机随机扰动项，假定它与所有 D_0 中的个体属性和用来预测工资或资产的变量都不相关。

由于大多数的数据集不包含初始资产变量，需要对初始资产进行设定。假定资产收入 I_t 遵循与工资率类似的路径：

$$E_0\{I_t\} = \zeta_0 + \zeta_1 t + \zeta_2 t^2 + v_t \quad (1.1.39)$$

由于初始资产收入 $I_0 = A_0 r_0/(1 + r_0)$，因此初始资产可以用 $\zeta_0(1 + r_0)/r_0$ 预测。

由式（1.1.38）、式（1.1.39）和式（1.1.36）可以得到个体效应的表达式：

$$F_0 = D_0' \varphi_0 + \pi_0 \bar{\gamma}_0 + \pi_1 \bar{\gamma}_1 + \pi_2 \bar{\gamma}_2 + \zeta_0 \bar{\theta} + \mu \quad (1.1.40)$$

其中，$\bar{\gamma}_k = \sum_{j=0}^{\tau} j^k \gamma_{0j}, k = 0, 1, 2$，$\bar{\theta} = \theta_0 r_0/(1 + r_0)$。$\mu$ 表示随机扰动项，取决于误差 a_0、v_t、u_t 的和。由式（1.1.32）和式（1.1.40）可以得到式（1.1.15）的形式为：

$$q_t'\beta = D_0'\varphi_0 + \pi_0\bar{\gamma}_0 + \pi_1\bar{\gamma}_1 + \pi_2\bar{\gamma}_2 + \zeta_0\bar{\theta} + bt + x_t'\rho \quad (1.1.41)$$

其中，式（1.1.15）中的扰动项 ε_t 现在又包含了误差成分 μ。式（1.1.38）、式（1.1.39）和式（1.1.41）的联立估计可以得到当期工作时间对当期工资率变动和其他期工资率变动的反应。

静态劳动供给和生命周期劳动供给总共给出了五种工作时间的工资弹性：马歇尔工资弹性（非补偿性工资弹性）e_m，希克斯工资弹性（补偿性工作弹性）e_h，两阶段预算工资弹性 e_b，弗里希工资弹性 e_f 和完全生命周期工资弹性 e_s。马歇尔工资弹性（非补偿性工资弹性）e_m 和希克斯工资弹性（补偿性工作弹性）e_h 属于静态劳动供给的范畴，两阶段预算工资弹性 e_b、弗里希工资弹性 e_f 和完全生命周期工资弹性 e_s 属于生命周期劳动供给的范畴。估计工作时间工资弹性的目的在于评价公共政策的劳动供给效应，那么哪一种工资弹性在评价公共政策的劳动供给效应时最为恰当呢？布伦德尔和麦柯迪（Blundell & MaCurdy）1999 年的研究认为由于税收和福利等公共政策不仅会影响个体当期的工资率，并且这种影响会持续到以后各期，因此，评价公共政策劳动供给效应最恰当的弹性是完全生命周期工资弹性 e_s。

这五种工资弹性之间存在怎样的关系呢？当闲暇是正常品时，希克斯工资弹性 e_h 要大于马歇尔工资弹性 e_m，麦柯迪（1981）给出希克斯工资弹性 e_h 小于弗里希工资弹性 e_f，并且是弗里希工资弹性的下限，因此可以得到 $e_m \leqslant e_h \leqslant e_f$。布伦德尔和麦柯迪（1999）指出由于弗里希工资弹性并没有考虑其他期工资率的变动对当期工作时间所产生的影响，因此完全生命周期工资弹性 e_s 要小于弗里希工资弹性 e_f，即 $e_s \leqslant e_f$。戈尔曼（Gorman）1968 年的研究给出两阶段预算工资弹性 e_b 小于希克斯工资弹性 e_h，且以 e_h 为上限，即 $e_b \leqslant e_h$，并且在个体完全短视或者资本市场完全约束的情况下，两阶段预算工资弹性 e_b 等于马歇尔工资弹性 e_m。

随着劳动供给理论由静态劳动供给到生命周期劳动供给的发展，工作时间方程的设定形式变得越加复杂，估计工作时间方程所需要的数据信息也逐渐增加。估计静态和两阶段预算工作时间方程可以使用截面数据。除工资率和个体属性外，估计静态工作时间方程需要个体或家庭的非劳动收入数据，而估计两阶段预算工作时间方程则需要个体或家庭的消费数据。在微观调查数据集中，收入数据的获得要比消费数据的获得更为容易，因此估计静态工作时间方程的经验研究比估计两阶段预算工作时间方程的经验研究更为常见。估计弗里希和完全生命周期工作时间方程需要连续观测的个体数据，而这样的数据并不容易获得，因此弗里希和完全生命周期工作时间方程的经验研究并不多见。只有在个体完全短视或者资本市场完全约束的情况下，静态劳动供给弹性对于评价公共政策的劳动供给效应才是恰当的。迄今为止，经验研究主要是对静态工作时间方程的估计，这只能是退而求其次的选择。

第二节　保留工资理论与劳动参与

一　保留工资理论

个体市场工资率和保留工资的比较决定了个体是否劳动参与。在个体劳动供给理论中曾提到保留工资的概念，这里对其具体加以介绍。

个体在预算约束 $c + wl = M = y + wT$ 下最大化效用 $U(c, l, x)$，求解效用最大化的一阶条件，可以得到 $U_l / U_c \equiv MRS(c, l, x) \geqslant w$，当相

等性条件成立时,可以得到市场工资率等于 w 时的最优消费和闲暇的组合 (c^*, l^*),因而:

$$\frac{U_L(c^*, l^*, x)}{U_C(c^*, l, x)} = w, \text{ 并且 } c^* + wl^* = M \qquad (1.2.1)$$

图 1.2.1 的消费—闲暇选择图是这一最优解的图示。最优解位于斜率为 w 的预算约束线 AB 与表示效用水平的无差异曲线的切点 E 上。市场工资率的增加都会使预算约束线围绕 A 点发生顺时针旋转,而非劳动收入 y 的增加会使预算约束线上移。

如果式(1.2.1)表示个体最优的消费和闲暇选择,那么 E 点必须位于 A 点的左侧,否则个体将不工作,从而闲暇等于可支配的总时间,即 $l = T$。由于无差异曲线上任意一点的消费闲暇的边际替代率等于无差异曲线在该点的斜率,因而只有当 $(U_l/U_c)_A < w$ 时,个体的工作时间才会大于 0。位于 A 点的边际替代率被称为保留工资,由于在 A 点时 $l = T$,从而 $c = y$,保留工资可以定义为:

$$w_R = \frac{U_l(y, T, x)}{U_c(y, T, x)} \qquad (1.2.2)$$

保留工资取决于非劳动收入 y 和个体属性 x。

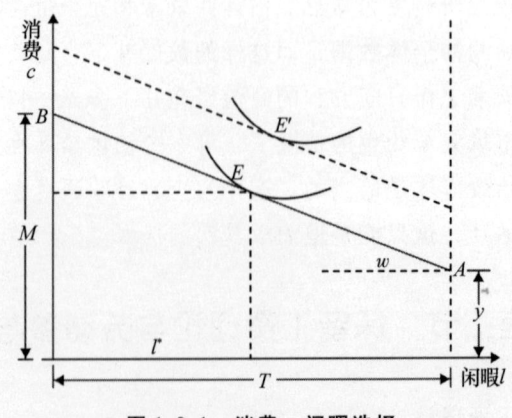

图 1.2.1 消费—闲暇选择

二 劳动参与模型的设定

由于个体的保留工资取决于非劳动收入和个体属性,假定个体的保留工资 w_R 表示为:

$$w_R = x_1'\delta^* + \beta^* y + u^* \qquad (1.2.3)$$

其中，y 表示非劳动收入，x_1 表示影响个体保留工资的可观测的个体属性，δ^* 和 β^* 分别表示系数，u^* 表示影响保留工资的不可观测的个体属性。当市场工资率高于保留工资时，个体选择劳动参与。假定市场工资率为 w，当个体选择劳动参与时，有下式成立：

$$w_R = x_1'\delta^* + \beta^* y + u^* < w \qquad (1.2.4)$$

如果假定 $u^* \sim (0, \sigma_u^2)$，方程（1.2.4）的两边同时除以 u^* 的标准差 σ_u，可以得到劳动参与方程的表示形式：

$$p^* = x_1'\delta + \beta y + \gamma w + u$$
$$p = \begin{cases} 1 \text{ if } p^* > 0 \\ 0 \text{ if } p^* \leq 0 \end{cases} \qquad (1.2.5)$$

其中，$u \sim N(0,1)$，p 表示可观测的个体是否劳动参与的代理变量，当 $p^* > 0$ 时，$p = 1$，个体劳动参与；当 $p^* < 0$ 时，$p = 0$，个体不劳动参与。

假定市场工资率由下式给出：

$$w = x_2'\rho + \nu \qquad (1.2.6)$$

其中，x_2 表示影响市场工资率的可观测因素，ν 表示影响市场工资率的不可观测因素，并且假定 $\nu \sim N(0, \sigma_\nu^2)$。方程（1.2.5）和方程（1.2.6）是劳动参与方程和工资方程的结构式。

把方程（1.2.6）代入方程（1.2.5）可以得到：

$$p^* = x_1'\delta + \beta y + \gamma(x_2'\rho) + \varepsilon$$
$$p = \begin{cases} 1 \text{ if } p^* > 0 \\ 0 \text{ if } p^* \leq 0 \end{cases} \qquad (1.2.7)$$

其中，$\varepsilon = u + \gamma\nu$，$V(\varepsilon) = 1 + \gamma^2 \sigma_\nu^2$，$\text{Cov}(\nu, \varepsilon) = \gamma \sigma_\nu^2$。假设 x 包含 x_1 和 x_2 的所有解释变量，则方程（1.2.7）可以表示为：

$$p^* = x'\alpha + \beta y + \varepsilon$$
$$p = \begin{cases} 1 \text{ if } p^* > 0 \\ 0 \text{ if } p^* \leq 0 \end{cases} \qquad (1.2.8)$$

方程（1.2.8）称为简化式劳动参与方程。在简化式劳动参与方程中，解释变量中没有包含明确的市场工资率变量，因而无法分析市场工资率对劳动参与行为的影响。为确定市场工资率对劳动参与行为的影响，必须估计结构式劳动参与方程。估计结构式劳动参与方程时遇到的主要问题是未参与个体市场工资率的不可观测性，因而首先应该估计工资方程，对未参与个体的市场工资率做出合理的预测。

三 工作时间方程估计中的样本选择偏差

由于劳动力市场中未参与个体的存在，如果估计工作时间方程时只是使用参与个体构成的样本，那么必然会使工作时间方程的估计结果存在偏差。同样道理，如果只使用参与个体构成的样本估计工资方程，同样会使工资方程的估计结果存在偏差。格罗诺（Gronau）和赫克曼（Heckman）在1974年分别讨论了工作时间方程和工资方程估计中的样本选择偏差问题。他们认为劳动参与的个体是那些市场工资率高于保留工资的人，因此，劳动参与的样本并不是总体的随机抽样。为清晰阐述样本选择偏差产生的机理，重新给出工作时间方程的设定形式：

$$h = \alpha \ln w + q'\beta + \varepsilon \qquad (1.2.9)$$

如果只使用参与个体构成的样本估计工作时间方程，那么只有当 $w > w_R$ 时，工作时间对于方程右侧任何变量的导数才等于其相应的系数；而当 $w < w_R$ 时，工作时间对方程右侧任何变量的导数都等于0。对于参与个体来说，$w > w_R$ 成立，在所有能够获得相同市场工资率的个体中，参与个体具有较低的保留工资，在所有具有相同保留工资的个体中，参与个体具有相对较高的市场工资率，因而参与个体构成的样本并不能代表整体样本，使用最小二乘法估计工作时间方程必然会产生偏差。

样本选择偏差所产生的本质原因在于市场工资率和保留工资不仅取决于可观测的个体属性还取决于不可观测的个体属性，工作时间方程的误差项 ε 并不独立于可观测的 w 和 q。比如，非劳动收入 y 是工作时间的一个决定因素，同时又是保留工资的决定因素。根据式（1.2.3）保留工资可以表示为：$w_R = x'_1\delta^* + \beta^* y + u^*$。对于参与个体来说，$w > w_R$，因而 $u^* < w - (x'_1\delta^* + \beta^* y)$，在 w，x_1 和 y 相同的情况下，参与个体具有相对较低的 u^*。如果 u^* 和 ε 相关，那么对于参与个体来说 ε 与 y 必然相关。如果闲暇为正常品并且 u^* 和 ε 负相关，那么 ε 和 y 必然正

相关，此时，基于工作样本使用最小二乘法估计工作时间方程，必然会使工作时间方程中非劳动收入的系数估计值产生偏差。如果 q 的某些变量出现在 x_1 中，那么工作时间方程中这些变量的系数估计值也会产生偏差。如果工资率取决于可观测因素和不可观测因素 v，那么 v 和 ε 或者 u^* 的任何相关性都会使工作时间方程中工资率的系数估计值产生偏差。

由于劳动力市场中未参与个体的存在会使工作时间方程的估计产生样本选择偏差，因而工作时间方程的估计中需要考虑未参与个体的影响。基林斯沃思（Killingsworth）1983 年将劳动供给的经验研究分类为第一代研究（FGS）和第二代研究（SGS）。第一代研究始于 20 世纪 30 年代并持续到 20 世纪 70 年代，这些经验研究并没有考虑样本选择偏差问题，只是使用参与个体构成的样本估计工作时间方程。还有一些研究简单地假定未参与个体的工作时间等于 0，也就是说未参与个体选择 0 工作时间和选择其他不等于 0 的工作时间相类似。然而，对于任何低于保留工资的市场工资率来说，个体的工作时间都等于 0，因而简单假定未参与个体的工作时间等于 0 也必然会使工作时间方程的估计产生偏差。

第二代研究考虑个体劳动参与决策的非随机性来处理样本选择偏差问题。这些经验研究将个体的工作时间方程设定为：

$$h = \begin{cases} \alpha \ln w + q'\beta + \varepsilon, & \text{如果 } w > w_R \\ 0, & \text{其他} \end{cases} \quad (1.2.10)$$

从而考虑了劳动参与和工作时间选择之间的联系。赫克曼（Heckman）在 1979 年给出了样本选择偏差问题的解决办法，即 Heckman 两阶段法。Heckman 两阶段法需要估计两个方程：选择方程和结果方程。在劳动供给分析中，选择方程对应于简化式劳动参与方程，结果方程则对应于工作时间方程。第一阶段，为了将参与个体从未参与个体中独立出来，对所有样本应用标准的 Probit 模型估计简化式劳动参与方程。第二阶段，应用简化式劳动参与方程的估计结果计算修正项逆米尔斯比的估计值，将其作为工作时间方程的附加解释变量估计工作时间方程，从而修正只使用参与样本估计工作时间方程时产生的样本选择偏差问题。Heckman 两阶段法可以修正使用截面数据估计静态工作时间方程时产生的样本选择偏差问题。对使用面板数据估计生命周期工作时间方程时的样本选择偏差问题则需要采用面板数据的样本选择修正方法①。

第三节 公共政策劳动供给效应的经验研究方法

随着劳动供给理论和经验研究的不断发展，经济学者逐渐意识到税收和福利等公共政策对个体劳动供给行为所产生的影响是非常重要的，因而开始尝试将各种公共政策引入劳动供给理论中推导并估计考虑政策影响之后的工作时间方程。劳动供给理论认为个体的预算约束是线性的，然而，公共政策会使个体的预算约束变成非线性，在这种非线性的预算约束下，个体的劳动供给行为必然与线性预算约束下的劳动供给行为存在差异。豪斯曼（Hausman）是最早进行公共政策对个体劳动供给行为影响研究的学者，他在1981年的研究成果中，考虑了累进税收制度使个体的预算约束变成分段线性的情形，推导出了工作时间方程，并使用微观数据对工作时间方程进行了估计。在现实经济中，个体面对的公共政策并不只是累进税收政策而已，还会有其他形式多样的税收和福利政策，这些政策的存在会使个体的预算约束不仅仅是变成分段线性那么简单。在劳动供给理论中引入更加复杂的预算约束后，工作时间方程的推导将会变得相当烦琐，有时甚至是不可处理的，因而经济学者不得不寻求其他分析公共政策对劳动供给影响的途径，在这种情况下，诞生了离散工作时间选择模型。

荷兰学者范苏斯特（Van Soest）1995年第一次提出了离散工作时间选择模型，他将传统的直接对工作时间方程进行设定和估计，分析个体工作时间选择行为的模型称为连续工作时间选择模型。经典劳动供给理论中的工作时间方程由个体效用最大化的一阶条件求得，其暗含的假定是个体可以任意选择偏好的工作时间，即个体的工作时间选择是小于可支配时间的任意正实数。范苏斯特认为由于需求等因素的限制，个体

---

① 对于Heckman两阶段法和面板样本选择修正方法的具体介绍可以参见卡梅隆和特里维迪（Cameron & Trivedi），Microeconometrics Methods and Applications，Cambridge University Press，2005。

能够任意选择偏好工作时间的假定是不合理的，更加现实的情况是个体只能够在若干工作时间选择构成的集合内选择效用最大化的工作时间，基于此，他提出了离散工作时间选择模型。离散工作时间选择模型直接对经典劳动供给理论中的效用函数进行设定，约束个体只能在有限的工作时间选择构成的集合中选择效用最大化的工作时间，通过估计效用方程，分析个体的工作时间选择行为。在离散工作时间选择模型中，个体的预算约束集只是由与若干离散的工作时间选择相对应的预算约束点构成，因此大大简化了对预算约束集的处理。此外，离散工作时间选择模型通过模拟的方法来计算个体工作时间的弹性。将个体的市场工资率（非劳动收入）增加某一百分比（通常为1%），计算市场工资率（非劳动收入）增加后，个体在新的预算约束集合下，最大化效用的工作时间选择，确定市场工资率（非劳动收入）增加前后工作时间的变动，从而可以计算工作时间弹性。

考虑公共政策的影响之后估算劳动供给弹性的基本思路是，公共政策使个体的净收入发生改变从而使其预算约束发生改变，预算约束的改变进一步使个体的工作时间发生改变。经济学者发现，基于这种思路可以模拟不同公共政策所产生的劳动供给反应。一项公共政策的实施会改变个体在原公共政策下的预算约束，在新的预算约束下，个体会重新进行劳动供给选择。原预算约束下劳动参与的个体在新的预算约束下可能会选择不再参与或者仍然参与但改变工作时间，原预算约束下未参与的个体可能选择参与并选择效用最大的工作时间或者仍然保持未参与。不同的公共政策导致个体不同的劳动供给行为，不同的劳动供给行为导致不同的宏观经济变量，这就是劳动供给行为微观模拟的基本思想。

在现实经济中，影响个体收入的公共政策的实施（或变动）为劳动供给分析提供了自然的经济实验环境。以现实公共政策的实施作为"自然实验"，进而获得某些经济指标值的方法被称为经济学中的"自然实验"方法。在劳动供给分析中，通过比较受政策影响群体在政策实施前后工资率和劳动供给的变动可以估算受政策影响群体劳动供给的工资弹性。此外，通过"自然实验"方法可以直接评价公共政策的实施对劳动供给所产生的影响。与微观模拟方法相比，"自然实验"方法的局限性在于只能够评价已经实施的公共政策对劳动供给所产生的影响，而无法分析尚未实施的可选的公共政策对劳动供给所产生的影响。下面对劳动供给行为微观模拟模型和"自然实验"方法加以介绍。

一 劳动供给行为微观模拟模型

美国学者奥尔卡特（Orcut）教授在1957年提出了微观模拟方法。20世纪90年代以来，随着计算技术的飞速发展和政府统计部门微观数据资源的日益丰富，许多西方学者研制了适合本国国情的微观模拟模型，用于分析税收制度、转移支付制度、养老保险制度和社会救助制度改革等对收入分配、社会公平和财政收支的影响，微观模拟模型已经成为西方国家制定公共政策的必要工具。常见的微观模拟模型都是"静态"的，即假设个体的行为并不受到税收和福利制度的影响。静态微观模拟模型可以检验税收和福利特定变化的"首轮"效应，可以从特定制度变革中识别出受益者和损失者。

然而，许多税收和转移支付政策其本身的目的就是对个体的劳动供给行为产生影响，尤其是那些试图鼓励更多劳动力参与的政策。如果不考虑潜在的劳动供给反应，税收收入和支出的计算会产生严重的偏差，政策的作用效果无法得到准确的衡量，基于这种考虑，劳动供给行为微观模拟模型[①]诞生了。

劳动供给行为微观模拟模型主要包含三个部分。第一部分是静态微观模拟模型[②]。静态微观模拟模型是劳动供给行为微观模拟模型的基础，它能够在特定的税收和福利制度下，计算个体在观测到的工作时间选择和未观测到的工作时间选择处的净收入。为计算与每个工作时间选择相对应的净收入，需要获得个体的工资率信息。工资率通常根据总工资收入除以工作时间得到。由于未参与个体市场工资率的不可观测性，因而需要估计工资方程，依据工资方程对其进行合理的预测。工资方程

[①] 对劳动供给行为微观模拟模型的具体介绍参见克里迪和邓肯（Creedy & Duncan）1999年、克里迪2002年以及克里迪和卡尔布（Kalb）2006年的研究成果。

[②] 比较成熟的静态微观模拟模型包括：爱尔兰经济与社会研究所（Economic and Social Research Institute）的SWITCH模型，IFS的TAXBEN模型，英国社会与经济研究所（Institute for Social and Economic Research）的POLIMOD模型，澳大利亚国家社会与经济模拟中心（National Centre for Social and Economic Modelling）的STINMOD模型。

估计过程中,需要考虑样本的选择偏差问题。第二部分是预算约束。行为模型能够量化个体对净收入和工作时间(或者闲暇)的偏好,同时能够模拟个体最优的工作时间选择,但是这种选择是在与税收和福利制度相关的预算约束下进行的。第三部分是合理说明工作时间选择的模型①。这种模型确定了在不同的税收和福利制度下每个个体选择最优工作时间的机制。实践中,有两种选择:一是连续工作时间选择模型,与之对应的模拟模型称为连续劳动供给行为微观模拟模型;另外一种是离散工作时间选择模型,与之对应的模拟模型称为离散劳动供给行为微观模拟模型。在不同的税收和福利制度下,模拟个体工作时间选择的变化构成了劳动供给行为微观模拟模型的本质。

(一)预算约束

在离散劳动供给行为微观模拟模型中,预算约束集只需在有限的工作时间选择上计算净收入即可得到,因而其构建较为容易。在连续劳动供给行为微观模拟模型中,最优工作时间的确定需要完全了解个体在全部可能的工作时间选择上所面对的预算约束,这种情况下个体的预算约束集通常有两种:凸预算约束集和非凸预算约束集。

1. 凸预算约束集的构建

图 1.3.1 给出的简单预算约束集中,包含三个线性区域,这是一个与累进的边际税率结构相联系的凸预算约束集。这类预算约束集的求解过程为:(1)将 h_0 加上一较小的 Δh,将 h_{max} 减去 Δh,计算与 h_0、$h_0 + \Delta h$、$h_{max} - \Delta h$ 和 h_{max} 这四个工作时间选择相对应的净收入,利用这四个净收入值可以构建经过 A 点和 D 点的预算约束线,两者的交点为 E。计算与 E 点对应的工作时间选择的实际净收入,得到点 F,并与 E 点的净收入相比较,比较的结果表明 E 不在预算约束线上。(2)使用(1)的方法找到 F 点两侧的预算线以及这两条预算线与 AE 的交点 B,与 ED 的交点 C,比较 B 和 C 两点的净收入与这两点所对应的工作时间选择 h_B 和 h_D 的实际净收入,发现 B 和 C 在预算约束线上,同时由于预

---

① 为使劳动供给行为微观模拟具有可操作性,在现有的行为微观模拟模型中,个体的工作时间选择行为都是静态的,即个体的工作时间选择是即期最优的,没有考虑任何生命周期的优化问题。

算约束线 BF 和 CF 的斜率相同，因而它们构成了预算约束线 BC。（3）采用第一步的算法，找到 B 点左侧的预算约束线，将其与 A 点右侧的预算约束线相比较，发现 A 点和 B 点位于同一直线上，这两点定义了预算约束线 AB，同样的方法发现 C 点和 D 点位于同一直线上，这两点定义了预算约束线 CD。经过以上三步可以识别出预算约束集 $ABCD$ 为分段线性约束。

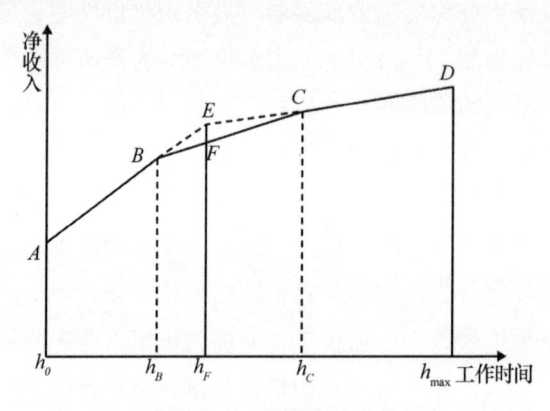

图 1.3.1 凸预算约束集

2. 非凸预算约束集的构建

考虑图 1.3.2 给出的预算约束集 $ABCD$。这类预算约束集的构建过程为：（1）将 h_0 加上一较小的 Δh，将 $h_{\max}$ 减去 Δh，计算与 h_0、$h_0+\Delta h$、$h_{\max}-\Delta h$ 和 $h_{\max}$ 这四个工作时间选择相对应的净收入，利用这四个净收入值可以构建经过 A 点和 D 点的预算约束线，两者的交点为 E，E 点对应工作时间选择为负值。（2）找到 h_0 和 $h_{\max}$ 的中点 h_F，计算 h_F 对应的净收入，得到 F 点，考虑 F 点左右两侧的部分，使用（1）的方法找到交点 B 和 C，同时，通过计算可以发现 BF 和 FC 的斜率相等，所以它们位于同一直线上，从而得到预算约束线 BC。（3）使用（1）的方法找到 B 点左侧的预算约束线和 C 点右侧的预算约束线，可以发现 A 点和 B 点，C 点和 D 点位于同一直线上，因而可以得到预算约束线 AB 和 CD。经过上面三步可以得到预算约束 $ABCD$。对于形如图 1.3.2 的预算约束集的构建，重要的原则是当交点出现在工作时间选择范围之外时，将工作时间选择的范围分成相等的两部分加以考虑。

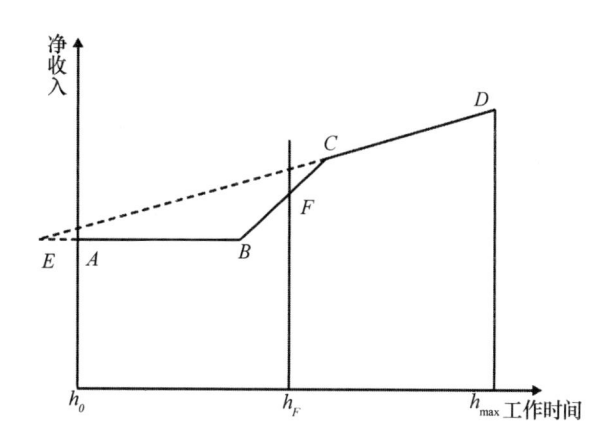

图 1.3.2 非凸预算约束集（1）

图 1.3.3 给出了一个在 B 和 C 之间不连续的非凸预算约束集，这类预算约束集的构建过程为：(1) 将 h_0 加上一较小的 Δh，将 h_{max} 减去 Δh，计算与 h_0、$h_0+\Delta h$、$h_{max}-\Delta h$ 和 h_{max} 这四个工作时间选择相对应的净收入，利用这四个净收入值可以构建经过 A 点和 D 点的预算约束线，两者交于点 E，计算 E 点对应的工作时间 h_E 处的实际净收入，通过比较可以发现 E 点位于预算约束线上。(2) 使用 (1) 的方法找到 E 点左侧的预算约束线，发现其与经过 A 点的预算约束重合，A 点和 E 点位于同一直线上，这两点形成预算约束线 AE，同样的方法找到 E 点右侧的预算约束线，发现其与经过 D 点的预算约束线的交点仍然为 E 点。(3) 找到 h_E 和 h_{max} 的中点 h_F，计算 h_F 对应的实际净收入，得到 F 点。使用 (1) 的方法找到 F 点左侧的预算约束线，发现与经过 D 点的预算约束线重合，因此可以得到预算约束线 FD，F 点左侧的预算约束线与经过 E 点的预算约束线仍然交于 E 点。(4) 找到 h_E 和 h_F 的中点 h_G，计算与 h_G 对应的净收入，得到点 G，G 点左侧的预算约束线与 E 点右侧的预算约束线重合，得到预算约束 EG，F 点左侧的预算约束线与通过 G 点的预算约束线仍然交于点 E。(5) 重复步骤 (3) 和 (4) 从而逐渐趋近于预算约束集的不连续点 B 和 C，重复的次数取决于预先设定的精度。

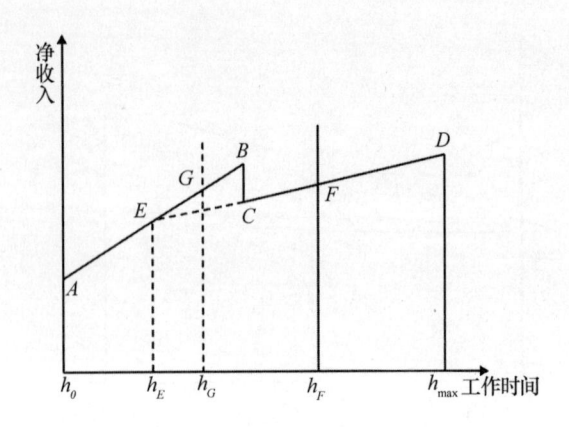

图 1.3.3 非凸预算约束集 (2)

在求解预算约束集的过程中，当发现交点始终为同一个点，或者交点对应的工作时间选择位于工作时间选择范围之外时，处理的一般性规则是将工作时间选择范围分成两部分，当发现交点对应的工作时间位于工作时间选择范围之内时，要同时检验交点两侧的线段。当来自两个不同点的预算约束线重合时，就可识别出真实的预算约束线。在求解预算约束集的过程中，对所有线性的预算约束部分，都要计算其斜率。此外，线性预算约束部分的延长线与纵轴的交点也需要计算（即工作时间等于零时的净收入）。对于每一个线性预算约束部分来说，斜率即为净工资率，截距为虚拟收入。面临某一线性预算约束部分的个体，最优工作时间选择可以认为是在相应的净工资率和相当于非劳动收入的虚拟收入构成的线性约束下完成的。

（二）合理说明工作时间选择的模型

连续劳动供给行为微观模拟模型假定个体的工作时间选择是连续的。假设个体从家庭净收入 c（在不考虑生命周期工作时间选择行为的情况下，家庭净收入即为家庭的总消费）和闲暇 $l = T - h$（T 表示个体可支配的总时间，h 表示工作时间）中获得效用。效用函数可以表示为：

$$U = U(c, l, x) \tag{1.3.1}$$

其中，x 表示个体属性。个体的效用最大化行为受到由工资率 w、

非劳动收入 y、税收和福利制度的约束。预算约束可以表示为：

$$c \leq wh + y - T(h,w,y,\mathrm{x}) \tag{1.3.2}$$

其中，$T(h,w,y,\mathrm{x})$ 表示由税收和福利制度形成的转移支付函数，取决于工作时间、工资率、非劳动收入和个人属性。个体最优的工作时间选择可以通过求解下面的最大化问题得到：

$$\max U(c,l,\mathrm{x}) \text{ s.t. } c \leq wh + y - T(h,w,y,\mathrm{x}) \tag{1.3.3}$$

然而，由于个体和家庭所面临的税收和福利制度所形成的 $T(\cdot)$ 通常是非线性的，求解式（1.3.3）的最大化问题并不像在线性约束下那么容易[1]。

应用连续行为微观模拟模型分析累进税收制度的劳动供给效应已经形成了标准化的程序。然而，在分析其他形式的税收和福利制度对个体劳动供给行为的影响时，由于预算约束的复杂性，其分析处理难以进行。因而对于更加复杂形式的预算约束，经济学家们开始转向以离散预算约束集为特征的离散劳动供给行为微观模拟模型[2]。

离散工作时间选择模型用有限数量的工作时间选择所对应的预算约束构成的集合代替整个预算约束集，并且最优工作时间选择只发生在这些离散的工作时间选择上。假设依据分组规则划分的离散工作时间选择 $h(\cdot) \in \{h^1, h^2, \cdots, h^P\}$ 可以表示为：

$$h(\cdot) = \begin{cases} h^1 & \text{if } h \leq h_1^B \\ h^2 & \text{if } h_1^B < h \leq h_2^B \\ \cdots \\ h^{P-1} & \text{if } h_{P-2}^B < h \leq h_{P-1}^B \\ h^P & \text{if } h > h_{P-1}^B \end{cases} \tag{1.3.4}$$

其中，有 P 个可选择的 $h(\cdot)$，h 表示个体的实际工作时间，$h_1^B, \cdots,$

---

[1] 在估计中如何处理复杂的税收和福利制度可以参见豪斯曼和鲁德（Hausman & Ruud）1984 年、豪斯曼 1985 年、莫菲特（Moffit）1986 年、布伦德尔等 1998 年以及布伦德尔和麦柯迪 1999 年的研究成果。

[2] 高理罗斯（Gourieroux）等 1980 年和布伦德尔等 1992 年的研究成果指出，离散劳动供给行为微观模拟模型的主要优势是非线性预算约束处理的简易性，范苏斯特（van Soest）和基恩（Keane）是较早使用离散劳动供给行为微观模拟模型分析公共政策影响的学者，他们各自在 1995 年就进行了相应的研究。

h_{P-1}^B 表示时间分隔点①。对于每个工作时间选择 $h(\cdot)$，净收入等于：
$$c[h(\cdot)] = wh(\cdot) + y - T(h(\cdot),w,y,x) \qquad (1.3.5)$$
个体最优的工作时间选择可以通过求解下面的最大化问题得到：
$$\max_{h(\cdot) \in \{h^1,h^2,\cdots,h^P\}} U(c[h(\cdot)], T - h(\cdot), x) \qquad (1.3.6)$$

尽管离散工作时间选择模型避免了连续工作时间模型中预算约束处理的复杂性，然而，工作时间选择离散化的过程会产生近似误差，模拟的工作时间选择不能涵盖个体工作时间选择的全部范围，并且缺失了预算约束的精确细节，因而工作时间选择的离散化规则可能会影响离散工作时间选择模型的参数估计。

二 "自然实验"方法

公共政策劳动供给效应的另一种分析途径是"自然实验"方法②。"自然实验"方法以其简易性受到了许多经济学者的青睐。"自然实验"方法中一种比较简单的思想是，比较政策实施（或变动）前后受公共政策影响群体产出（outcomes）的差异（在劳动供给分析中产出为劳动参与或工作时间），确定公共政策对产出所产生的影响。在这种思想下，分析公共政策产出效应的回归方程可以表示为如下形式：
$$y_{it} = \alpha + \beta D_t + \varepsilon_{it}, i = 1,\cdots,N, t = 0,1 \qquad (1.3.7)$$
其中，y_{it} 表示个体 i 在 t 期的产出，政策实施前的 0 期 $D_t = 0$，政策实施后的 1 期 $D_t = 1$。通过合并数据（pooled data）回归可以得到表示公共政策产出效应的参数 β 的估计值，其等于公共政策实施前后个体产出差异的平均值：
$$\hat{\beta} = \frac{\sum_{i=1}^{N}(y_{i1} - y_{i0})}{N} = \bar{y}_1 - \bar{y}_0 \qquad (1.3.8)$$

这种思想需要假设受到公共政策实施影响的群体在公共政策实施前后是可比的，即 α 保持不变，这时参数 β 才是可识别的。然而，这是一

---

① 例如，五个状态的工作时间选择集 $h(\cdot) = \{0,10,20,30,40\}$ 描述，时间分隔点可以分别选取为 $h_1^B = 5, h_2^B = 15, h_3^B = 25, h_4^B = 35$。

② 对自然实验方法的具体介绍参见迈耶（Meyer）1995 年、卡梅隆和特里维迪（Cameron & Trivedi）2005 年的成果。

种较强的假设，在公共政策实施前后，个体的属性以及其所处的经济环境都可能已经发生了变化。对这种思想进行改进的一种途径是找到一个与受到公共政策实施影响的群体（目标群体，treatment group）具有相同的个体属性，但没有受公共政策实施影响的群体（对照群体，control group），这样的群体构成了类似于自然科学研究实验中的对照环境，从而为公共政策产出效应的"自然实验"研究提供了基础。基于这种思想分析公共政策产出效应的回归方程可以表示为：

$$y_{it}^j = \alpha + \gamma D_t + \eta D^j + \beta D_t^j + \varepsilon_{it}^j, i \in N^j, t = 0,1, j = 1,0 \tag{1.3.9}$$

N^j 表示目标群体或对照群体的样本数。如果个体属于目标群体，那么 $j=1$ 并且 $D^j=1$；如果个体属于对照群体，那么 $j=0$ 并且 $D^j=0$。参数 η 表示两个群体组产出的组间差异。如果个体属于公共政策实施后的目标群体或对照群体，$D_t=1$；如果个体属于公共政策实施前的目标群体或对照群体，$D_t=0$。如果个体属于公共政策实施后的目标群体，那么 $D_t^j=1$，其他情况下 $D_t^j=0$。ε 表示均值为 0，方差为常数的随机扰动项，参数 β 表示公共政策的作用效果。

根据方程（1.3.9），对于属于目标群体的个体 i 在公共政策实施前的产出可以表示为：$y_{i0}^1 = \alpha + \eta + \varepsilon_{i0}^1$，公共政策实施后的产出可以表示为：$y_{i1}^1 = \alpha + \gamma + \eta + \beta + \varepsilon_{i1}^1$，因而公共政策实施前后目标群体产出的平均差异表示为：

$$\bar{y}_1^1 - \bar{y}_0^1 = \gamma + \beta + \bar{\varepsilon}_1^1 - \bar{\varepsilon}_0^1 \tag{1.3.10}$$

对于属于对照群体的个体 i 在公共政策实施前的产出、公共政策实施后的产出可以分别表示为 $y_{i0}^0 = \alpha + \varepsilon_{i0}^0$ 和 $y_{i1}^0 = \alpha + \gamma + \varepsilon_{i1}^0$，因而公共政策实施前后对照群体产出的平均差异可以表示为：

$$\bar{y}_1^0 - \bar{y}_0^0 = \gamma + \bar{\varepsilon}_1^0 - \bar{\varepsilon}_0^0 \tag{1.3.11}$$

方程（1.3.10）和方程（1.3.11）都包含 1 期的特定效应 γ，二者进行差分可以消除 γ：

$$(\bar{y}_1^1 - \bar{y}_0^1) - (\bar{y}_1^0 - \bar{y}_0^0) = \beta + (\bar{\varepsilon}_1^1 - \bar{\varepsilon}_0^1) - (\bar{\varepsilon}_1^0 - \bar{\varepsilon}_0^0) \tag{1.3.12}$$

假定 $E[(\bar{\varepsilon}_1^1 - \bar{\varepsilon}_0^1) - (\bar{\varepsilon}_1^0 - \bar{\varepsilon}_0^0)] = 0$，可以得到 β 的无偏估计量为

$(\bar{y}_1^1 - \bar{y}_0^1) - (\bar{y}_1^0 - \bar{y}_0^0)$。这种求 β 估计值的方法称为差中差（differences in differences）方法。

以上的分析假定目标群体和对照群体可观测的个体属性完全相同但产出在两个群体间存在差异。如果两个群体组中的个体属性并不相同，并且在政策实施前后组内个体的属性也发生了变化，那么在分析中应该对个体属性可以控制，在这种情形下，方程（1.3.12）变为如下形式：

$$(\bar{y}_1^1 - \bar{y}_0^1) - (\bar{y}_1^0 - \bar{y}_0^0) = \beta + (\bar{x}_1^1 - \bar{x}_0^1) - (\bar{x}_1^0 - \bar{x}_0^0) + (\bar{\varepsilon}_1^1 - \bar{\varepsilon}_0^1) - (\bar{\varepsilon}_1^0 - \bar{\varepsilon}_0^0) \qquad (1.3.13)$$

$(\bar{x}_1^1 - \bar{x}_0^1)$ 和 $(\bar{x}_1^0 - \bar{x}_0^0)$ 分别表示目标群体中的个体和对照群体中的个体公共政策实施前后两期个体平均属性的变动。

式（1.3.13）的差中差估计量暗含着下面两个假设。

假设1：目标群体和对照群体的时期效应必须是相同的，即式（1.3.10）和式（1.3.11）中的 γ 必须相同。如果 γ 不相同，式（1.3.9）更加一般的设定形式为：

$$y_{it}^j = \alpha + \gamma^1 D_t^1 + \gamma^0 D_t^0 + \eta D^j + \beta D_t^j + \varepsilon_{it}^j \qquad (1.3.14)$$

其中，γ^1 表示目标群体的时期效应，γ^0 表示对照群体的时期效应。式（1.3.14）考虑了目标群体和对照群体可能经历不同的趋势和/或周期效应。由于目标群体和对照群体的人口成分的差异，比如已婚与未婚、男性与女性、高技能与低技能工人等，导致趋势和/或周期因素对两个群体的影响并不相同。

假设2：如果目标群体内部个体的个体效应不相同或者对照群体内部个体的个体效应不相同，那么在政策实施前后目标群体和对照群体的构成应该保持有变。

目标群体内和对照群体内个体的个体效应不同时，式（1.3.9）更加一般的设定形式为：

$$y_{it}^j = \alpha + \gamma D_t + \eta_i^1 D^1 + \eta_i^0 D^0 + \beta D_t^j + \varepsilon_{it}^j, i \in N_t^j, t = 0,1, j = 1,0 \qquad (1.3.15)$$

此时，政策实施前后目标群体的样本数量可能相同也可能不同，同样，政策实施前后对照群体的样本数量可能相同也可能不同。如果目标群体和对照群体在0期和1期由不同的个体组成，那么差分就不能消除

个体效应 η 的平均值。政策实施前后目标群体产出的平均差异和对照群体产出的平均差异分别可表示为：

$$\begin{aligned}\bar{y}_1^1 - \bar{y}_0^1 &= \gamma + \beta + \bar{\eta}_1^1 - \bar{\eta}_0^1 + \bar{\varepsilon}_1^1 - \bar{\varepsilon}_0^1 \\ \bar{y}_1^0 - \bar{y}_0^0 &= \gamma + \bar{\eta}_1^0 - \bar{\eta}_0^0 + \bar{\varepsilon}^0 - \bar{\varepsilon}_0^0\end{aligned} \quad (1.3.16)$$

由于 $\bar{\eta}_1^1 - \bar{\eta}_0^1$ 和 $\bar{\eta}_1^0 - \bar{\eta}_0^0$ 在目标群体和对照群体的构成发生变化时并不等 0，因而并不能得到式（1.3.12）给出的 β 估计。即使当目标群体和对照群体的构成发生变化时，在某些情况下 $\bar{\eta}_1^1 - \bar{\eta}_0^1$ 和 $\bar{\eta}_1^0 - \bar{\eta}_0^0$ 仍可以渐近趋于 0，从而可以保持 $\hat{\gamma}$ 的一致性，这些情况通常涉及随机选择机制。然而，在劳动供给分析中，对群体组的选择通常并不是随机的，它取决于政策变动的性质。

最后，需要说明的是，使用"自然实验"方法进行的公共政策产出效应的研究通常都会存在着一些明显的局限，这些局限的重要与否要结合相关的经济理论、事实和制度背景加以考虑。坎贝尔（Campbell）在 1969 年的研究成果中将这些局限性归结为内部局限性和外部局限性两类，迈耶（Meyer）在 1995 年的研究成果中对这一概念进行了重新梳理。内部局限性主要是指研究所得的结论是否能够恰当地评价政策的作用效果，而外部局限性主要是指对特定群体分析所得的结论是否能够恰当地适用于其他群体。

第二章　劳动供给行为经验研究成果的回顾

第一章对劳动供给理论、与各种劳动供给理论相对应的经验研究方程的设定形式以及公共政策劳动供给效应的经验研究方法进行了回顾。本章将回顾国内外劳动供给行为经验研究的进展，从而对国内外劳动供给行为的经验研究成果具有更加清晰的认识。

二战之后，欧美等发达国家男性的总量劳动供给略呈递减趋势，而女性的劳动供给呈递增趋势，一些学者从宏观角度阐释了劳动供给的变化，比如芬尼根（Finegan）1962年的研究成果以及温斯顿和戈登（Winston & Gordon）1966年的研究成果。由于总量劳动供给是个体劳动供给加总的结果，因而许多经济学家将关注点转向了个体的劳动供给行为，试图从微观角度对劳动供给的变动趋势给出恰当的解释。本章第一节回顾劳动供给行为经验研究的进展，第二节回顾劳动供给行为公共政策反应的经验研究的进展，第三节回顾关于中国居民劳动供给研究的进展。

第一节　劳动供给行为的经验研究

一　静态劳动供给行为的经验研究

静态劳动供给行为经验研究主要是使用某一时期的截面数据估计静态工作时间方程，从而分析个体当期的工作时间选择行为。从微观角度分析个体工作时间选择行为的经验研究始于科斯特（Koster）1966年和1969年的研究。科斯特基于CPS的1%抽样调查数据使用最小二乘法估计了50至64岁男性的线性工作时间方程，得到无补偿性工资弹性为

-0.094，收入弹性为-0.0073。随后，一些学者基于不同的数据对男性工作时间方程进行了估计，比如卡因和瓦茨（Cain & Watts）1973年的研究。这些研究在使用的数据集、工作时间方程的设定形式、对商品价格所做的假设以及工作时间方程中包含的除工资率和非劳动收入外的其他解释变量等方面存在着差异，因而所得工作时间方程的估计结果也存在较大差异，从而对于公共政策的制定和评价很难提供借鉴。为分析工作时间方程的估计结果对哪些设定敏感，对哪些设定稳健，达万佐（DaVanzo）在1973年、迈斯特和加芬克尔（Masters & Garfinkel）在1977年基于同一数据集使用各种不同的设定估计了男性工作时间方程，并对估计过程中所出现的一些问题进行了总结。工作时间方程估计中经常出现的问题主要包括以下几个方面：

（一）工作时间和工资率的度量问题

在经验研究中，工资率通常由年（月）工资收入除以年（月）工作小时数得到，因而工作时间的任何度量误差都会出现在工资率上，从而使工作时间和工资率之间形成一种伪负相关关系。然而，即使克服了这种伪负相关关系后，大多数研究所得到的男性工作时间的非补偿性工资弹性仍然为负值，比如：达万佐等在1973年的研究成果得到的非补偿性工资弹性在-0.15至-0.09之间；迈斯特与加芬克尔在1977年的研究成果得到的非补偿性工资弹性为-0.110；阿申费尔特和赫克曼（Ashenfelter & Heckman）1973年的研究成果得到的非补偿性工资弹性为-0.156。

（二）非劳动收入的度量问题

在工作时间方程的估计中，非劳动收入的度量存在着差异。科斯特在1966年和1969年的研究成果中，将家庭总收入减去男性自身的工资收入作为男性工作时间方程中的非劳动收入变量；阿申费尔特和赫克曼在1973年的研究成果中则将租金、股息、利息、个人转移支付以及赡养费等加总作为非劳动收入；弗莱舍等（Fleisher et al.）在1973年的研究成果中则将家庭净资产的一定比例作为非劳动收入。各种不同非劳动收入的设定形式主要源于不同数据集中所包含信息的差异。然而，这种非劳动收入度量的差异却导致了工作时间收入弹性的较大差异。

（三）税收的处理问题

税收制度会使个体的预算约束变成非线性。多数研究在度量工作时间方程中的工资率和非劳动收入变量时，并没有考虑税收的影响，比如，科斯特1966年和1969年的研究就没有考虑税收的影响。一些研究假定考虑税收之后的预算约束是连续的并且是凸性的，比如博斯金1973年的研究成果以及霍尔1973年的研究成果中都将预算约束作为凸性处理。然而，一些学者认为税后预算约束连续并且凸性的假定并不正确，他们认为税后预算约束是分段线性的，并给出了分段线性预算约束下效用最大化时工作时间方程的估计方法，比如威尔士和伍德兰德（Wales & Woodland）1979年的研究以及豪斯曼1981年的研究。

（四）商品价格的假设问题

大多数关于工作时间方程的经验研究假定所有个体都面对相同的商品价格，因而工资率和非劳动收入的名义变动相当于实际变动。如果认为不同地区的商品价格是不同的，那么在工作时间方程中包含地区代理变量是合理的。然而，一些研究表明将工资率和非劳动收入按地区价格进行调整后，工作时间方程的估计结果并不存在较大的变化，比如格林伯格（Greenberg）1973年的研究以及迈斯特和加芬克尔（Masters & Garfinkel）1977年的研究。

（五）工作时间方程形式的设定问题

在工作时间方程的估计中通常采用的设定形式是半对数形式：$h = \alpha \ln w + q'\beta + \varepsilon$。经典劳动供给理论认为工作时间曲线是一条向后弯曲的曲线，因而一些学者采用了形如 $h = \alpha_1 w + \alpha_2 w^2 + q'\beta + \varepsilon$ 的设定来验证在高收入时工作时间曲线是否向后弯曲，比如布洛赫（Bloch）1973年的研究。然而，大多数经验研究的结果表明工作时间和工资率之间并不存在二次关系。

与男性劳动供给呈略微下降趋势不同，发达国家女性劳动供给呈现出了明显的增加趋势，因此女性劳动供给的经验分析受到了众多学者的关注。与男性静态劳动供给行为的经验研究成果相比，女性静态劳动供给行为的经验研究要更为丰富。不同国家的学者都对其所在国女性的劳动供给行为进行了分析。约什（Joshi）在1985年、约什和欧文（Joshi & Owen）在1984年和1985年、马丁和罗伯茨（Martin & Roberts）在

1984年分别估算了英国女性工作时间的工资弹性和收入弹性；中村和中村（Nakamura & Nakamura）在1981年、中村等（Nakamura et al.）在1979年、史密斯和斯坦纳（Smith & Stelcner）在1985年、斯坦纳和布瑞斯劳（Stelcner & Breslaw）在1985年、斯坦纳和史密斯（Stelcner & Smith）在1985年、鲁滨逊和汤姆斯（Robinson & Tomes）在1985年分别估算了加拿大女性工作时间的工资弹性和收入弹性；弗朗兹和川崎（Franz & Kawasaki）在1981年估算了德国女性工作时间的工资弹性和收入弹性；布吉尼翁（Bourguignon）在1985年估计了法国女性工作时间的工资弹性和收入弹性；希尔（Hill）在1983年、1984年和1985年，山田和山田（Yamada & Yamada）在1984年和1985年，山田等（Yamada et al.）在1985年估算了日本女性工作时间的工资弹性和收入弹性；卡普坦等（Kapteyn et al.）在1985年、库里曼和卡普滕（Kooreman & Kapteyn）在1984年和1985年、雷诺和西格斯（Renaud & Siegers）在1984年、范德文和埃弗斯（van der Veen & Evers）在1984年分别估算了荷兰女性工作时间的工资弹性和收入弹性。与男性工作时间方程的估计结果相似，使用的数据、工作时间方程设定形式和变量定义等的差异会导致女性工作时间工资弹性和收入弹性的估计结果存在较大的差异，但大多数经验研究都得出女性工作时间非补偿性工资弹性为正的结论。

尽管有些学者意识到了税收和福利政策的存在会对个体的工作时间选择行为产生影响，可是20世纪70年代和80年代的多数经验研究并没有考虑这种影响。20世纪80年代后，一些学者尝试在工作时间经验分析中考虑税收和福利政策的影响，豪斯曼（Hausman）1981年的研究奠定了这方面研究的基础，他分析了税收和转移支付政策对已婚男性和女性工作时间的影响。豪斯曼基于美国1975年的PSID数据，将税收和转移支付政策对个体收入所形成的影响分别作为分段线性预算约束集和累进凸预算约束集，得到已婚男性工作时间的非补偿性弹性接近于0（这和多数没有考虑政策影响的经验研究结果相一致），但是收入弹性却异常的大（这和多数没有考虑政策影响的经验研究结果并不一致），已婚女性非补偿性工资弹性和收入弹性都较为明显。随后，不同国家的学者基于豪斯曼的思想，在对工作时间方程的设定形式进行改进后，估计了考虑税收和转移支付政策影响后的工作时间弹性。特里斯特（Triest）在1990年研究中基于1983年的PSID数据估计了Hausman模型的一些变化形式，他将税收政策的影响看成是分段线性预算约束并且采用了线性工作时间函数，但在工作时间函数的估计中同时考虑了工作时间的随机偏好误差和度量误差，得到已婚男性工作时间对于工资的反应较小，与豪斯曼所得结论不同的是，男性工作时间对于非劳动收入的反应同样较小，已婚女性工作时间对于工资和非劳动收入的反应与豪斯曼所得结论是一致的，即具有明显的反应。布洛姆奎斯特和布鲁塞维茨（Blomquist & Brusewitz）1990年估计了瑞典已婚男性和女性的工作时间方程，他们考虑了线性和二次形式，并且在方程中考虑了随机偏好的影响。布吉尼翁和马尼亚克（Bourguignon & Magnac）1990年估计了法国已婚男性和女性的工作时间弹性，与其他研究不同的是他们假定工作时间决策是有顺序做出的，已婚男性首先选择最优的工作时间，妻子在丈夫的工作时间选择给定的情况下选择最优的工作时间。其他的一些考虑税收政策影响的经验研究还包括：麦柯迪（MaCurdy）1990年估计了美国男性工作时间的工资弹性和收入弹性；范苏斯特等（van Soest et al.）在1990年估计了荷兰男性和女性工作时间的工资弹性和收入弹性；科隆比诺和德尔博卡（Colombino & del Boca）在1990年估计了意大利男性和女性的工作时间的工资弹性和收入弹性；恺撒等（Kaiser et al.）1992年估计了德国男性和女性的工作时间的工资弹性和收入弹性；布伦德尔和沃克（Blundell & Walker）1986年估计了英国男性工作时间的工资弹性；阿鲁法特和萨巴尔萨（Arrufat & Zabalza）1986年、布戴尔等1988年、阿雷拉诺和梅格尔（Arellano & Meghir）1992年则分别估计了英国女性工作时间的工资弹性和收入弹性。

  现实经济环境中，个体的收入通常不只受到一种公共政策的影响，在这种情况下构建个体的预算约束变得非常复杂，并且在劳动供给的分析中整合公共政策的影响后，模型的处理变得异常困难，因此，经济学者将关注点转向了劳动供给行为分析的另一个途径——离散工作时间选择模型。基恩和莫菲特（Keane & Moffitt）在1995年的研究较早地使用了离散模型的框架。他们的分析考虑了个体是否工作、是否参与AFDC以及是否参与Food Stamps项目的多重项目参与问题，将个体的工作时间选择限制为全职、兼职和不工作，联立估计了工作时间方程和两个福利项目参与方程，所使用的数据样本为1984年SIPP中的968个具有孩子的女性户主，得到非补偿性工资弹性为1.94，收入弹性为-0.21。范苏斯特（van Soest）在1995年的研究中正式提出了离散工作时间选择模型的概念。基于荷兰1987年SEP数据，范苏斯特将结合成家庭的男性和女性工作时间选择集离散化成若干个工作时间选择点，夫妻双方只能在离散的工作时间选择点内选择使其家庭效用达到最大的工作时间，他的分析考虑了工作时间约束、随机偏好并且说明了未参与个体预测工资率的偏差，在不同的设定下得到了男性和女性工作时间的自身工资弹性、配偶工资交叉弹性和家庭非劳动收入弹性，女性工作时间对于自身工资、配偶工资和家庭非劳动收入的反应要大于男性。自范苏斯特的研究之后，不同国家的经济学者基于离散工作时间选择的思想，在考虑了不同公共政策的影响之后，对男性和女性工作时间选择行为进行了大量的经验分析。

考虑公共政策对个体劳动供给行为影响的经验研究所得到的弹性估计值也存在着较大差异，但可以确定的是，劳动供给行为经验研究中公共政策的引入并没有改变女性工作时间比男性工作时间更具弹性的事实。考虑公共政策影响的连续工作时间选择模型和离散工作时间选择模型，除能够估计工作时间弹性外，其优势还在于可以模拟公共政策的劳动供给效应。公共政策发生变动将改变个体的预算约束，进而改变其劳动供给行为，劳动供给行为的变化又会使个体的收入发生变化，进而使宏观经济总量指标发生改变。基于这种思想，可以分析不同公共政策所产生的经济效果的差异。

二 生命周期劳动供给行为的经验研究

同静态劳动供给的经验研究相同，生命周期劳动供给的经验研究也是从宏观和微观两个角度展开。宏观方面的研究始于卢卡斯和拉平（Lucas & Rapping）1969年的研究成果，后来的研究包括爱通吉（Altonji）1982年的研究、曼丘等（Mankiw et al.）1985年的研究、爱格斯克夫斯（Algoskoufis）1987年的研究等。由于微观数据集的限制，从微观角度分析个体生命周期劳动供给行为的经验研究并不多见，主要是由于生命周期工作时间方程的估计需要连续观测的个体数据，并且需要较丰富的个体信息，而这样的数据在实际中并不容易获得。对个体生命周期劳动供给行为的经验研究始于赫克曼和麦柯迪（Heckman & MaCurdy）1980年的研究，他们第一次提出了经验可处理的生命周期劳动供给模型。

随后麦柯迪1981年的研究中在生命周期框架内系统估计了工作时间对于工资率变动的反应。麦柯迪使用Michigan PSID中连续观测10年（1967—1976）的513个白人男性数据估计了弗里希工作时间方程和完全生命周期工作时间方程，得到工作时间的弗里希工资弹性介于0.14和0.35之间，当在工作时间的差分方程中包含年份代理变量时，弹性值略微发生变化，介于0.10至0.45之间，由于在工作时间方程中考虑了年份代理变量，控制了经济周期因素对工作时间的影响，因而工资增长10%将会使工作时间增加1%～4.5%。在放松资产边际效用不变的假设后，完全生命周期工作时间方程的估计结果表明，其他期工资率的变动对当期工作时间的影响较小，即交叉非补偿性工资弹性较小，在当期工资增加10%的情况下，当期工作时间将增加1%～2.3%，即自身非补偿性工资弹性约为0.1～0.23，如果工资率的变动导致每一期的工资率都会在工资率没有变动前的基础上增加10%，那么每一期的工作时间都会增加0.05%～0.13%。麦柯迪的研究之后，爱通吉（Altonji）在1986年的研究中使用不同年份的Michigan PSID数据，采取不同的工作时间方程设定形式，估计了男性工作时间的弗里希工资弹性，他们所得到的弹性值低于麦柯迪得到的弗里希弹性值。博韦尔（Bover）在1989年的研究中认为麦柯迪在设定边际资产效用和人口特征、初始财富、过去与未来工资的关系时忽略了由最优化问题所暗含的约束，在对这种约束加以考虑后，博韦尔使用不同年份的Michigan PSID数据再次估计了男性工作时间的弗里希工资弹性和完全生命周期无补偿性工资弹性，所得结果与麦柯迪所得结果较为接近。

除美国外，欧洲的经济学者也进行了生命周期劳动供给的经验研究，比如勃朗宁等（Browning et al.）1985年的研究以及布伦德尔和沃克1986年的研究分别使用不同时期英国的家庭支出调查（Family Expenditure Survey）数据进行了生命周期劳动供给行为的经验研究。当前，生命周期劳动供给行为的经验研究常见于欧美地区，黑田和山本

(Kuroda & Yamamoto) 在 2007 年的研究中对日本弗里希工资弹性的估计是亚洲地区唯一的生命周期劳动供给的经验研究。几乎所有的生命周期经验研究都没有考虑公共政策的影响，迄今为止，只有策里克和克尼斯纳（Ziliak & Kniesner）2002 年在生命周期的框架下考虑了累进所得税所产生的影响，分析了税收政策的生命周期劳动供给效应。

回顾国外劳动供给行为的经验研究结果可以发现，尽管由于所使用数据以及方程设定形式等的差异导致男性工作时间方程和女性工作时间方程的估计结果存在着较大差异，但还是达成了男性的工作时间对工资率变动的反应并不明显，工作时间的工资弹性略为负值，女性工作时间对工资率变动的反应较为明显，工作时间的工资弹性为正值的共识，正如基林斯沃思（Killingsworth）在其 1983 年的专著中所指出的一样："经验研究揭示女性劳动供给的结构反应要大于男性。"赫克曼（Heckman）1993 年时对这一观点表示赞同。

三　劳动参与行为的经验研究

劳动参与的经验分析也是从宏观和微观两个层面进行的。宏观层面主要是确定不同因素对劳动参与率的影响，解释劳动参与率的变动趋势；微观层面则主要是确定不同的因素对个体劳动参与行为的影响。宏观层面上，比较系统的经验分析始于明瑟（Mincer）1964 年时的开创性研究。明瑟之前的一些经济学者使用截面数据分析得出女性闲暇需求的收入弹性为正值，这意味着随着收入的增加，女性劳动参与率应该呈递减趋势，而时间序列数据却表明，60 年代前，随着美国经济的发展，女性劳动参与率呈增加趋势，明瑟通过构建概念框架并通过经验分析解释截面数据分析与时间序列数据分析所得的矛盾结果。卡利森（Cullison）在 1979 年的研究中较早对劳动力参与率的影响因素进行了分析。在卡利森的设定中，表示劳动参与率的因变量是人口数，自变量由家庭购买力、工资率、就业机会、失业保险额度和参与食品邮贴（Food Stamp）项目的人数构成，分析的区间分为 1961—1971 年和 1971—1977 年两段，分析的群体分为白人（黑人）男性 20~24 岁、白人（黑人）男性 24~65 岁、白人（黑人）女性 20~24 岁、白人（黑人）女性 24~65 岁八个群体，用最小二乘回归确定了不同因素对不同时期不同群体劳动参与的影响。随后,经济学者针对不同地区、不同群体的劳动参与率变动趋势展开了大量的经验分析,比如:帕森斯在1980年分析了美国二战之后男性劳动参与率的递减趋势的原因;柏林纳(Berliner)在1983年分析了苏联教育对女性劳动参与率的影响;居恩(Juhn)1992年分析了美国1967—1987年期间青年男性劳动参与率的递减趋势,强调了递减的劳动力市场机会对青年男性劳动参与率的影响;考克思和罗伯茨(Cox & Roberts)在1993年分析了拉丁美洲服务业和经济周期波动对女性劳动参与率的影响;范爱尔和马克维奇(Fair & Macunovich)1997年的研究解释了美国20~24岁女性在70~80年代劳动参与率持续增加,在90年代后保持稳定的趋势;安德森(Anderson)等1999年的研究分析了美国70年代和80年代养老保险和社会福利的变化对老年男性劳动参与率变动趋势的影响;坦塞尔(Tansel)2001年分析了土耳其经济发展水平对女性劳动参与率的变动趋势的影响;约翰逊(Johansson)2002年分析了瑞典的劳动力市场项目对劳动参与率的影响;近来的研究包括:布劳和古德斯坦(Blau & Goodstein)2007年分析了1962—2005年美国55~64岁老年男性劳动参与率的变动趋势,并分析工资、健康、医疗保险和教育对劳动参与率的影响;奥斯瓦尔多(Osvaldo)2007年分析了智利1958—2003年女性劳动参与率的变动趋势,分析结果表明教育和生育率是影响女性劳动参与率的主要因素;李(Lee)2009年分析了韩国1955—2005年期间老年男性劳动参与率的增长趋势,经验结果表明年轻人由农村向城镇的迁移导致农村老龄化的加速是老年男性劳动参与率增长的主要原因。回顾宏观劳动参与的经验研究可以发现,不同时期、不同地区、不同群体劳动参与率的变动趋势是不同的,并且其影响因素也并不相同,正因如此,宏观劳动参与的经验分析才能够如此丰富。

  离散选择模型的发展使经济学者能够更多地使用微观数据集从微观角度来确定不同的因素对不同群体劳动参与行为的影响,并能够从微观角度对宏观劳动参与率的变动趋势给出合理的解释。在微观层面,保留工资和市场工资率的比较决定了个体是否劳动参与,由于个体的保留工资和市场工资率都取决于其个体的属性以及一些经济环境因素,因而个体的劳动参与行为也是由其自身的属性和经济环境因素所决定,确定哪些因素对个体的劳动参与行为起决定性作用就成为了劳动参与行为经验分析的主要内容。经济学者从微观角度针对不同群体的劳动参与行为进行了大量的经验分析。近年来，经济学者开始关注于特殊群体的劳动参与行为。一些学者关注于农村家庭的劳动参与行为，比如：奥路沃勒和芬德斯（Oluwole & Findeis）2001年使用Probit模型分析了美国1977—1998年期间，农村家庭男性和女性非农劳动参与决策的影响因素，并且分析了农村家庭夫妻的非农劳动参与决策是否是联合决定的；爱奥斯塔等（El-Osta et al.）（2008）基于美国2004年的农业资源管理调查数据，使用多元logistc模型分析了政府的转移支付项目对已婚夫妇非农劳动参与行为的影响；汉得克（Khandker）1987年使用多元logit模型分析了孟加拉国农村女性劳动参与行为，经验结果表明农村女性的参与行为并不完全由社会风俗决定，而是要受到自身禀赋和家庭经济约束的影响。一些学者关注于老年人的劳动参与行为，比如：山田（Yamada）1990年分析了日本社会保障退休金对老年人退休决策的影响；柯里和和马德里安（Currie & Madrian）1999年系统回顾了美国劳动力市场中健康和社会保障对老年男性劳动力市场参与行为影响的经验研究；坎波列蒂（Campolieti）2002年分析了加拿大劳动力市场中健康对老年男性劳动参与行为的影响；卡尔维奇和韦穆伦（Kalwij & Vermeulen）2006年分析了欧洲劳动力市场中健康对老年劳动力参与行为的影响；一些学者关注其他特殊群体的劳动参与行为，比如：道林和沃西克（Dowling & Worswick）1999年使用Probit模型分析了东南亚迁移女性劳动参与行为的影响因素；马尔基奥尼（Marchionni）2005年使用Probit模型分析了阿根廷15～24岁未离开父母的年轻女性的劳动参与行为。

　　参数离散选择模型通常需要事先假设随机扰动项服从某一形式的分布，但对这一假设的合理性却并没做任何检验。虽然参数模型的估计比较容易实施，但是正如霍罗威茨（Horowtiz）1993年指出的一样，并没有充分的依据能够保证随机扰动项服从某一特定形式的分布，对随机扰动项分布形式的错误设定会产生不一致的参数估计量，进而形成不恰当甚至是错误的统计推理。半参数二元选择模型的发展为这一问题的解决提供了途径。一些学者已经尝试应用半参数二元选择模型对劳动参与行为进行分析，比如：安娜和胡安（Ana & Juan）1997年使用半参数二元选择模型分析了西班牙女性劳动参与行为的决定因素，检验了构成 Probit 模型和 logit 模型的基本假设；古德温和霍尔特（Goodwin & Holt）2002 年使用半参数二元选择模型分析了处于转型过程中保加利亚农村家庭的非农劳动参与行为；莫勒等（Maurer et al.）2007 年基于面板数据，采用具有非可加性个体效应的半参数二元选择模型分析了健康对即将达到退休年龄的老年男性劳动参与行为的影响。

简化式劳动参与方程可以分析不同的因素对于个体劳动参与行为的影响，但是搜寻匹配理论认为当市场工资率增加时，个体劳动参与的概率将会增加。现实中的某些公共政策通常会通过改变个体的预期收入（也就是改变市场工资率）进而改变个体的劳动参与行为，量化市场工资率的增加或减少对个体劳动参与行为的影响对于分析公共政策的劳动参与效应就具有了明显的现意义。这需要对结构式劳动参与方程加以估计，求得劳动参与对于市场工资率的反应，即劳动参与的工资弹性。《劳动经济学杂志》(Journal of Labor Economics) 1985 年第 1 期第 2 部分作为"女性工作趋势、教育和家庭结构"专题刊登了不同国家的经济学者对其各自国家女性劳动参与工资弹性的研究。其中，岛田和义男（Shimada & Yoshio）、本－波拉特和格罗诺（Ben－Porath & Gronau）、古斯塔夫森和杰克布森（Gustafsson & Jacobsson）、伊格莱西亚斯和里布（Iglesias & Riboud）、奥费尔和维诺库（Ofer & Vinokur）、里布（Riboud）、弗朗茨（Franz）、史密斯和沃德（Smith & Ward）分别统计分析了日本、以色列、瑞典、西班牙、苏联、法国、德国和美国女性劳动参与率的变动趋势并进一步估计了劳动参与的工资弹性。这些研究所使用的方法都是经典劳动参与弹性估计方法，即首先使用 Heckman 两阶段法估计工资方程，之后将工资率的预测值作为劳动参与方程的解释变量估计结构式劳动参与方程，估算劳动参与的工资弹性，所得到的结论是女性劳动参与对于市场工资率的变动具有显著的正向反应。千叶（Nawata）在其 1993 年、1994 年和 1995 年的系列研究中指出使用经典方法时存在的不足，千叶和李（Nawata & Ii）2004 年给出了同时估计劳动参与方程和工资方程的联立极大似然法，证明其可以得到更加有效的估计量，并使用这种方法估计了日本女性劳动参与的工资弹性，同样得出了女性劳动参与对于市场工资率具有显著正向反应的结论。海姆（Heim）2007 年时基于美国

1979—2003年的CPS数据，分别估计了每一年女性劳动参与的工资弹性，分析了劳动参与工资弹性的变动趋势，发现女性劳动参与的工资弹性呈明显的递减趋势。当前，对于结构式劳动参与方程的估计都是采用的参数方法，并且以经典劳动参与行为分析方法居多。

第二节 公共政策劳动供给效应的经验研究

劳动供给行为微观模拟模型分为连续劳动供给行为微观模拟模型和离散劳动供给行为微观模拟模型。连续劳动供给行为微观模拟模型以连续工作时间选择模型为基础。公共政策对劳动供给的影响主要是通过改变个体的预算约束发生作用，通常情况下公共政策会使个体的预算约束变成非线性，甚至发生非凸性变化从而使连续模型的处理变得异常复杂。现有的连续劳动供给微观模拟模型主要用来分析累进所得税制度改革所产生的劳动供给效应，并进一步分析个体劳动供给行为发生变化后的其他经济指标的变化，比如收入分配、社会福利等，主要原因在于累进所得税制度通常使个体的预算约束变成分段线性，从而在预算约束的每个区间内处理方法类似于线性预算约束。税收对劳动供给影响的模拟分析始于豪斯曼（Hausman）1981年的研究。20世纪80年代末和90年代初，欧美等发达国家的学者按照豪斯曼的思想使用连续工作时间微观模拟模型分析了所得税制度对个体劳动供给行为所产生的影响，比如：布吉尼翁和马尼亚克（Bourguignon & Magnac）1990年的研究，范苏斯特等（van Soest et al.）1990年的研究，特里斯特（Triest）1990年的研究，科隆比诺和德尔博卡（Colombino & del Boca）1990年的研究，布洛姆奎斯特和布鲁塞维茨（Blomquist & Brusewitz）1990年的研究。

连续工作时间模型假定个体在给定的时间和预算约束下可以选择任意的消费和闲暇组合从而最大化其效用函数，范苏斯特（van Soest）1995年的研究中认为个体可以任意选择工作时间的假设往往并不符合现实，短期内个体的工作时间往往受到需求因素的制约，个体并不能够自由支配其工作时间，更加符合现实的情形是个体在给定的离散工作时间集合中选择能使其效用最大化的工作时间，基于这种考虑产生了离散工作时间选择模型。离散劳动供给行为微观模拟模型以离散工作时间选择模型为基础，预算约束集由有限的工作时间选择相对应的净收入构成，因而极大地简化了非线性预算约束的处理，其应用更为广泛。范苏斯特使用离散工作时间选择模型分析了荷兰劳动力市场上的女性工作时间选择行为，并以此为基础模拟了税收政策改革的作用效果。随后，霍因斯（Hoynes）在 1996 年、布伦德尔等（Blundell et al.）在 1999 年、阿伯格等（Aaberge et al.）在 1999 年、克里迪（Creedy）在 2002 年、克里迪和邓肯（Creedy & Duncan）在 2002 年和 2005 年分别对离散工作时间模型进行了不同程度的改进并进行了不同政策的模拟分析。近来的研究包括哈恩（Haan）在 2004 年、布罗伊宁（Breuning）在 2005 年、布莱维拉等（Brewre et al.）在 2006 年、拉贝格（Labeage）在 2008 年、达妮埃莱在 2009 年所做的分析。离散工作时间选择模型的主要缺点是时间选择集离散化所产生的近似误差问题以及可利用信息不完全使用问题。

行为微观模拟模型能够模拟的政策类型主要是能够直接改变个体收入的公共政策，这些公共政策会导致个体在每个时间选择处净收入的改变从而使个体的最优行为发生变化，比如税收政策、最低生活保障政策、最低工资政策等，而对于失业保险的持续期、提供下岗就业培训、提供公益性工作岗位等类似并不涉及工作时间选择处净收入变动的政策，行为微观模拟模型则无能为力（Creedy 和 Kalb，2006）。

分析公共政策劳动供给效应的另一条途径是"自然实验"方法。与行为微观模拟模型可以分析未实施的公共政策的劳动供给效应不同，"自然实验"方法只能够对已经实施的公共政策进行评价。"自然实验"方法的基本思想是对比政策实施（或变动）前后个体劳动供给行为的变化，从而评价公共政策的作用效果。艾沙（Eissa）1995 年应用"自然实验"方法分析了美国 1986 年税改法案对已婚女性高收入群体劳动供给所产生的影响，估算出已婚女性高收入群体劳动供给的非补偿性工资弹性约为 0.8。应用类似方法，费尔德斯坦（Feldstein）1995 年应用税收申报表数据估计了边际税率对应税收入的影响；比安基等（Bianchi et al.）2001 年研究了冰岛税收制度改革对劳动供给的影响。艾沙和利布曼（Eissa & Liebman）1996 年应用"自然实验"方法研究了美国所得税减免法（EITC）对单身母亲劳动供给行为的影响，发现单亲母亲劳动参与率增加 2.8 个百分点，但工作时间基本没有变化。迈耶和罗森鲍姆（Meyer & Rosenbaum）2001 年的研究、迈耶 2002 年的研究都证实了艾沙和利布曼所得到的结论。近年来，除税收外的其他劳动力市场政策对劳动供给以及其他方面影响的"自然实验"研究陆续展开，比如，勒费布尔和莫瑞根（Lefebvre & Merrigan）2008 年使用"自然实验"方法分析了加拿大儿童护理政策改革对具有学龄前孩子母亲劳动供给的影响，发现此项改革具有统计上显著并且较大的劳动供给效应；水谷等（Shimizutani et al.）（2008）应用"自然实验"方法发现日本 2000 年公共长期护理制度的实施对 2001 年女性劳动参与率没有影响，而对 2002 年女性劳动参与率具有较明显的正效应，这项政策的实施将女性护理者劳动参与概率增加 8 个百分点，将周工作日和日工作小时数增加 10~20 个百分点；弗里希和祖斯曼（Frish & Zussman）2008 年应用"自然实验"方法发现伊拉克 1992 年实施的单亲家庭法增加了对低收入或无收入单身母亲的补贴，这项法案的实施使未受过教育的单身母亲劳动供给降低 10%，而对单身母亲整体的劳动供给效应并不明显；兰扎尼（Ranzani）2006 年应用"自然实验"方法研究了意大利 1992 的社会保障系统改革对分属于"蓝领"和"白领"两个群体的个体退休选择影响的差异，发现保障系统改革对退休选择具有明显的影响；帕特尼斯和萨克拉里乌（Patrinos & Sakellariou）2009 年应用"自然实验"方法研究了委内瑞拉 1980 年教育改革对教育收益的影响，发现受教育改革政策影响群体的教育收益率要高于总体平均的教育收益率。

虽然自然实验法具有明显的理论优势，但其对数据要求较高，需要政策实施前后连续观测的数据，而这样的微观数据在现实中并不容易得到，从而其应用并不如使用截面数据的微观模拟模型广泛。

第三节 中国居民劳动供给的经验研究

中国劳动力市场改革起步较晚，劳动力市场的微观调查数据相对匮乏，因此与国外相比，在劳动供给研究上所获得的成果并不显著。当前，对于中国居民劳动供给的研究主要是从宏观和微观两个层面展开。

在宏观层面，一些学者关注于我国劳动参与率的变动趋势，以及影响劳动参与率变动的因素，对我国劳动参与率所呈现的递减趋势给出了相应的解释，比如，陆铭和葛苏勤（2000）认为经济体制的转轨是导致改革以后劳动参与率下降的主要原因，同时第三产业的发展也是导致劳动参与率下降的原因，可能是因为第三产业是以资本和技术密集为特点，不能吸纳从传统部门释放出的劳动力；张车伟和吴要武（2003）使用第五次全国普查数据分析了城镇劳动供给的现状和基本特征，发现在城镇失业率上升的同时，劳动参与率呈下降趋势，退出劳动力市场的人多为"受挫折的劳动者"，指出为缓解就业形势应寻求收入支持政策和积极就业政策的最佳组合；蔡昉和王美艳（2004）运用第五次人口普查和五城市调查数据分析劳动参与率逐渐下降的原因，指出劳动参与率的下降是失业的结果，并针对失业以及退出劳动力市场人口的特征给出了缓解就业压力的政策建议。

一些学者分析了中国总量劳动供给情况，对于城镇劳动供求趋势进行了预测，比如，张车伟和吴要武（2005）从供给和需求两个角度分析了城镇未来的就业形势，他们认为城镇就业总量的供求矛盾正在缓解，结构性矛盾变得越来越突出，解决城镇就业问题的关键在于提高劳动力者的知识和技能水平；王金营和蔺丽莉（2006）对未来劳动供给进行了预测和判断，他们的预测结果显示，在不考虑65岁以上人口就业的情况下，2016年将达到从业人员的高峰，如果考虑65岁以上人口的就业，2022年前后会出现从业人口高峰；曾湘泉和卢亮（2008）同样对我国劳动供给总量的变动趋势进行了预测，并给出了为充分开发利用适龄劳动力资源，就业政策所应该做出的调整；万鲁建和李月（2009）对我国劳动供给趋势加以分析后指出，我国劳动供给优势减弱，促进并优化农村剩余劳动力的转移可以延缓我国劳动力供给优势减弱趋势；周也（2009）分析了中国劳动供给总量的特征，指出中国的劳动力随总人口增加而增加，但增加趋缓并且有过剩趋势，并且季节性和结构性劳动供给不足。钟钰和蓝海涛（2009）则对农村劳动供给的变动趋势和剩余程度进行了分析，剖析了"民工荒"与大量农村剩余劳动力并存的原因。此外，还有学者进行了地区总量劳动供给情况的分析，比如，童玉芬和齐晓娟（2008）分析了北京市劳动力供给量的变动,并定量分析了总人口规模变动、劳动适龄人口比重以及劳动参与率三个因素对劳动供给的影响。

微观层面劳动供给行为的研究则从理论和经验两个方面展开。理论方面主要是对劳动供给理论的扩展,比如:宋湛(2002)拓展了劳动经济学对于劳动力供给曲线形状的认识,指出当工资率低于某个临界值之后,继续降低工资将促使劳动力供给量增加,以此为基础分析了劳动力市场的敛散性以及相应的现实含义;郭继强(2005)认为考虑到劳动者存在最低必需支出约束的情形下,经典劳动供给曲线将出现一个拐点,延续拐点后的劳动供给曲线向右下方倾斜,就拐点后的这段劳动供给曲线而言,当劳动需求不足时,劳动供求将向右下方发散失衡,并在此基础上针对中国城市次级劳动力市场中的农民工劳动供给现状进行了经验研究;聂丹(2007)通过融入了劳动供给的生理约束条件的多时期模型对经典劳动供给理论进行了拓展,并分析了农民工工资决定中的多重均衡,以此说明了当前我国外资企业中农民工工资过低的国民福利损失及农业剩余劳动转移完毕之前农民工《最低工资法》的经济合理性。胡伟清和张宗益(2007)进行了农民工劳动供给行为的理论分析,对"民工荒"现象进行了解释;郭继强(2008)将农民的生存约束(最低必需支出约束)引入经典劳动供给模型,从而在构建农民尤其是维持生计型农民的劳动供给曲线的基础上,统一解读了恰亚诺夫、斯科特、舒尔茨和波普金等学者关于农民劳动供给行为的论述,揭示了农民劳动供给行为所蕴含的一般性抑或普遍性特征。袁书华(2009)则通过对农民工劳动供给行为的理论分析解释了农民工干的是城市人所不愿意干的最艰苦的工作,却仍然有大批的农民工不断地拥向城市的原因。

经验研究方面侧重于分析各种因素对个体劳动供给行为所产生的影响。一些学者关注于城镇居民的劳动供给行为,比如:陈卫民(2002)探讨了中国城镇居民妇女的就业选择模式,并对这种模式与社会政策之间的关系进行了分析,指出为促进城镇妇女就业,一方面要消除各种不利于妇女就业的观念和制度性障碍,另一方面也需要对相关政策和制度进行调整和改革;蔡昉等(2005)利用五城市劳动力调查数据分别分析了个体退出劳动力市场的决定因素和个体处于就业、失业和退出劳动力市场三种状态的决定因素;谭岚(2005)侧重分析了中国转型经济中城镇女性的劳动供给行为，指出了城镇女性劳动供给行为所具有的显著特征；姚先国和谭岚（2005）分析了家庭收入对已婚女性劳动参与行为的影响，进而指出女性劳动参与率下降并不是家庭收入提高导致家庭分工重新分配的结果，而是严峻的就业形势造成的；丁仁船（2007）分析了中国经济转型时期城镇居民劳动供给的影响因素，指出经济、社会、劳动力迁移流动以及制度变迁等因素都会对城镇居民劳动供给产生不同程度的影响；杜凤莲（2008）分析了家庭结构和儿童看护对女性劳动参与行为的影响，发现家庭结构和儿童看护对女性劳动参与行为的影响较高，降低儿童看护成本和提高儿童看护服务的可得性可以提高女性劳动参与率；丁仁船（2009）分析了家庭因素对城镇个人劳动供给行为的影响，得出家庭劳动供给异化现象严重，负担重、条件差的家庭被动接受低工资或退出市场，财产收入高的家庭就业优势互相强化或主动退出市场的结论；车翼等（2007）分析了城镇老年劳动者劳动参与行为的影响因素，指出养老金覆盖率低是导致老年劳动者劳动参与的主要原因。周闯和张世伟（2009）则检验了"倒 S"型劳动供给曲线在城镇劳动力市场是否成立，指出城镇劳动力市场贫困群体的工作时间随工资的增加而减小，应该结合经济环境适时地提高最低工资水平。

一些研究关注于农村居民的劳动供给行为，比如：都阳（1999）对贫困对地区农户非农就业因素进行了系统分析，着重分析了教育对非农就业的作用，研究揭示了贫困地区农户非农劳动参与的主要动机在于分散收入波动所带来的风险，教育对农户形成非农劳动参与动机具有促进作用；刘晓昀等（2003）分析了中国农村劳动力就业的性别差异、影响农村劳动力非农就业选择的影响因素，以及各因素对不同性别农村劳动力非农就业的不同影响，揭示了男性和女性在非农就业选择上存在显著的差异；弓秀云和秦富（2007）分析了农村家庭非农工作时间选择行为的影响因素，研究表明：年龄、家庭平均受教育程度、家庭初始经济能力对家庭非农劳动参与决策和非农工作时间具有显著影响，家庭中男女劳动力的比例对非农工作时间具有不同的影响，家庭从事非农劳动的重要原因是土地资源的匮乏；刘靖（2008）则分析了农村女性非农就业对子女健康状况的影响，其结论表明虽然母亲的非家就业有助于缩小孩子营养状况的性别差距，但却是以所有儿童的健康状况下降为代价。一些研究关注于农村老年人的劳动供给行为,比如:庞丽华等(2003)分析了农村老年劳动参与行为的因素,研究表明是年龄、健康状况、所承担的责任、性别、居住方式和土地等家庭因素是影响农村老年人劳动参与行为的主要因素,而与经济因素关系不大;白南生等(2007)分析了子女外出务工、转移收入对农村老年人农业劳动供给的影响,研究发现子女外出务工的直接效应使老年劳动参与概率增加,而外出子女的转移收入间接效应会使老年劳动参与率降低,二者的共同作用会使老年劳动参与率增加 5.8 个百分点;李琴和宋月萍(2009)分析了劳动力流动对农村老年人农业劳动时间的影响,并且分析了这种影响的地区差异,研究表明劳动力流动整体上增加了农村老年人的农业劳动时间,在劳动力以跨省流动为主的中西部地区,家庭成员外出打工显著地增加了老年人的农业劳动时间,而在劳动力以省内流动为主的沿海地区,家庭成员外出打工并没有增加老年人的农业劳动时间。还有研究关注于影子工资对于农村劳动供给的影响,比如:都阳(2000)利用贫困地区的农户调查资料估计了农户的农业生产函数,并在此基础上根据劳动的边际生产率估算了家庭成员的影子工资率和影子收入,并进一步以影响工资率和影子收入为基础估计了劳动供给函数,结果表明农户劳动供给具有联合决策的特征;弓秀云和秦富(2008)对林业主产区农户的影子工资和影子收入进行了估计,并在此基础上分析了其对劳动供给时间的影响,结果表明样本林业主产区农户的影子工资与劳动供给时间存在负相关,并且农户家庭劳动供给的联合决策特征非常明显。

此外,一些研究关注于农村迁移劳动力在城镇劳动力市场的劳动供给情况,比如:罗小兰(2007)分析了农村迁移劳动力的劳动供给行为,研究结果表明农村转移劳动力的非农劳动时间与工资成反方向变化,由此推出了实施最低工资标准这一重要的政策含义;刘妍和李岳云(2007)分析了迁移劳动力在城市劳动力市场上非正规就业选择的影响因素,并分析了男性和女性非正规就业选择的性别差异,研究表明,农村男性劳动力从事非正规就业的可能性比女性少 71.34%,而年龄、技能、就业途径、家庭抚养率等变量对农村劳动力在城市从事非正规就业的影响呈现显著的性别差异。

回顾国内关于劳动供给的研究可以发现,现有的研究多数是现象的描述和成因的发现。宏观层面描述城镇劳动参与率下降的趋势，并揭示其原因；微观层面分析个人、家庭、社会、经济发展和转型等因素对个体劳动参与行为和工作时间选择行为的影响。然而，无论宏观还是微观层面，分析公共政策对劳动供给影响的研究却非常鲜见。于洪（2004）和余显才（2006）分别通过调查问卷数据，使用二元选择模型分析了税收制度的变化对个体劳动供给行为的影响，然而，他们的研究是定性的影响因素分析，并没有涉及量的变化。定量度量公共政策对个体劳动供给行为所产生的影响需要估算劳动参与弹性和工作时间弹性。尽管国外对劳动参与弹性和工作时间弹性估算的研究成果颇丰，可是国内经济学者却没有对这两个重要的指标给予足够的重视。在中国城镇劳动力市场中，个体劳动供给行为对于工资率和非劳动收入的反应如何，公共政策的变动对个体劳动供给行为的影响究竟怎样？本书将试图给出这些问题的答案。

第三章　城镇居民劳动供给行为的经验研究

伴随着中国市场经济改革的逐渐深化,中国的城镇劳动力市场得到了长足的发展,各种阻碍劳动力市场发育的制度不断被破解,原有的"铁饭碗"式的就业分配制度已经被市场化的就业选择制度所取代。一方面,企业的用工形式逐渐市场化,企业会从自身发展的角度吸纳适合企业的个体为其工作,另一方面,个体的工作选择具有了一定程度的自主权,个体会从自身角度选择其可以接受的工作。诚然,在中国当前的城镇劳动力市场上,需求因素对劳动力市场的产出(就业和工作时间)仍然发挥着重要作用,但供给因素对劳动力市场产出的影响已经越来越明显,并且逐渐受到了经济学者的关注。本章着重分析城镇户籍居民劳动供给行为的两个维度:劳动参与行为和工作时间选择行为,从而能够对中国城镇户籍居民劳动供给行为的特征具有更加清晰的认识。为表述方便本章将城镇户籍居民简称为城镇居民。

第一节　城镇居民劳动参与行为的经验研究

劳动参与行为经验研究的经典模型——参数二元选择模型,通常假设支配参与决策的解释变量在统计上服从某种形式的分布,进而将劳动参与方程直接设定为参数模型的形式,比如 Probit 模型或 Logit 模型,并应用截面数据估计劳动参与方程。虽然参数模型的估计比较容易实施,然而,正如霍罗威茨(Horowtiz)在 1993 年所指出的一样,并没有充分的依据能够保证随机扰动项服从某一特定形式的分布,对随机扰动项分布形式的错误设定会产生不一致的参数估计量,进而形成不恰当甚至是错误的统计推理。半参数二元选择模型的发展为解决这一问题提供了有效途径。目前，国外学者已经成功地将半参数二元选择模型应用于劳动参与行为分析，比如格芬（Gerfin）1996年的研究、马丁斯（Martins）2001年的研究以及古德温和霍尔特（Goodwin & Holt）2002年的研究。

本节旨在系统地分析中国城镇居民的劳动参与行为从而为促进城镇居民就业的公共政策的设计和实施提供一定的依据。首先，估算城镇居民整体的劳动参与弹性，力图理解中国城镇居民劳动参与行为的总体特征；其次，考虑到不同收入群体对公共政策的劳动参与反应可能存在差异，进一步将城镇居民按照家庭平均收入由低到高进行分组，分别估算各收入群体城镇居民的劳动参与弹性，比较不同收入群体劳动参与行为的差异。

本节分析所使用的数据为2002年中国家庭收入项目（CHIP）城镇部分的调查数据。在城镇居民整体劳动参与行为的经验分析中，参数模型设定检验的结果并没有拒绝参数模型的估计结果，说明采用参数模型进行分析是恰当的，可能的原因在于CHIP合理的抽样设计基础使其能够较好地代表城镇居民整体。在城镇居民不同收入群体劳动参与行为的经验分析中，参数模型设定检验的结果拒绝了大部分收入群体参数模型的估计结果，说明采用半参数模型进行分析要更加稳健，可能的原因在于将整体样本按家庭收入分成不同的群体后，每个群体的样本可能并不能很好地代表相应群体的整体。本节结构安排如下：在第一部分给出劳动参与参数二元选择模型的设定；第二部分给出劳动参与半参数二元选择模型的设定；第三部分对城镇居民劳动参与行为进行分析；最后，给出本节所得到的结论。

一 劳动参与参数二元选择模型的设定

为分析市场工资率对劳动参与行为的影响，需要估计结构式劳动参与方程，然而，由于未参与个体的市场工资是不可观测的，首先需要估计工资方程，对未参与个体的市场工资率做出合理的预测。根据布伦德尔和史密斯（Blundell & Smith）1994年的思想，在结构式劳动参与方程估计过程中，如果将未参与个体预测的市场工资率和参与个体实际的市场工资率作为工资变量，那么所得到的劳动参与方程的估计结果是不一致的，而将所有个体预测的市场工资率作为工资变量，所得到劳动参与方程的估计结果将是一致的。在工资方程的估计中，由于未参与个体的存在，如果只是基于参与个体构成的样本，使用最小二乘法估计工资方程，将会产生样本选择偏差问题，而样本选择偏差问题的经典解决方法为 Heckman（1979）两阶段法。综上所述，构建劳动参与参数二元选择模型的基本思路为：首先，使用 Heckman 两阶段法估计工资方程；其次，应用工资方程对参与个体和未参与个体的市场工资率进行预测；再次，将所有个体预测的市场工资率作为劳动参与方程的解释变量估计结构式劳动参与方程；最后，估算劳动参与的工资弹性和收入弹性值。

使用 Heckman 两阶段法估计工资方程的第一阶段是估计简化式劳动参与方程，假定简化式劳动参与方程可以表示为：

$$p_i^* = \alpha_1 y_i + z_i' \alpha_2 + u_i$$
$$p_i = \begin{cases} 1 \text{ if } p_i^* > 0 \\ 0 \text{ if } p_i^* \leq 0 \end{cases} \quad (3.1.1)$$

其中，p_i^* 表示不可观测的决定个体 i 是否劳动参与的潜在因素（比如，市场工资率和保留工资的差），p_i 表示个体是否劳动参与（1 表示参与，0 表示未参与），y_i 表示个体 i 的非劳动收入，z_i 表示其他影响个体 i 劳动参与的因素（包含常数项，但不包括市场工资率），α_1 和 α_2 表示系数，u_i 表示影响劳动参与的不可观测因素。在 $u_i \sim N(0,1)$ 的假定下，基于简化式劳动参与方程得到的个体 i 劳动参与的概率可以表示为：

$$\Pr(p_i = 1) = \Phi(\alpha_1 y_i + z_i' \alpha_2) \quad (3.1.2)$$

其中，$\Phi(\cdot)$ 表示标准正态分布的累积分布函数。方程（3.1.2）为标准的 Probit 模型，使用极大似然法对其进行估计可以得到 $\hat{\alpha}_1$、$\hat{\alpha}_2$。依据 $\hat{\alpha}_1$ 和 $\hat{\alpha}_2$ 可以计算逆米尔斯比的估计量：

$$\hat{\lambda}_i = \frac{\phi(\hat{\alpha}_1 y_i + z_i' \hat{\alpha}_2)}{\Phi(\hat{\alpha}_1 y_i + z_i' \hat{\alpha}_2)} \quad (3.1.3)$$

Heckman 两阶段法的第二阶段是将逆米尔斯比作为工资方程的一个解释变量修正只是基于参与个体构成的样本估计工资方程过程中所产生的样本选择偏差问题。假定工资方程可以表示为：

$$\ln w_i = x_i' \beta + \varepsilon_i \text{ if } p_i^* > 0 \quad (3.1.4)$$

其中，w_i 表示个体 i 的市场工资率，x_i 表示个体 i 市场工资率的影响因素（包含常数项），β 为系数，$\varepsilon_i \sim N(0, \sigma_2^2)$。由于只有个体参与时才能观测到其市场工资率，并且影响个体劳动参与的不可观测因素可能同时会影响工资率，ε_i 和 u_i 可能是相关的（假定其相关系数为 ρ，协方差为 σ_{12}），而样本选择偏差问题所产生的原因正是由于这种相关性。修正样本选择偏差的工资方程可以表示为：

$$\ln(w_i) = x_i'\beta + \sigma_{12}\hat{\lambda}_i + \mu_i \qquad (3.1.5)$$

使用最小二乘法估计式（3.1.5）可以得到 $\hat{\beta}$ 和 $\hat{\sigma}_{12}$，由于 $\sigma_{12} = \rho\sigma_2$，进一步的处理可以分别得到 $\hat{\rho}$ 和 $\hat{\sigma}_2$。

基于式（3.1.5）可以对所有个体的市场工资率进行预测，进而估计结构式劳动参与方程。假定结构式劳动参与方程可以表示为：

$$p_i^* = \gamma_1 \ln\hat{w}_i + \gamma_2 y_i + z_i'\gamma_3 + \nu_i$$

$$p_i = \begin{cases} 1 \text{ if } p_i^* > 0 \\ 0 \text{ if } p_i^* \leq 0 \end{cases} \qquad (3.1.6)$$

其中，γ_1，γ_2 和 γ_3 表示系数，在 $\nu_i \sim N(0,1)$ 的假定下。考虑市场工资率影响的个体劳动参与概率可以表示为：

$$\Pr(p_i = 1) = \Phi(\gamma_1 \ln\hat{w}_i + \gamma_2 y_i + z_i'\gamma_3) \qquad (3.1.7)$$

式（3.1.7）同样为 Probit 模型，根据方程的估计结果可以得到劳动参与工资弹性和收入弹性的估计值分别为：

$$\hat{\eta}_w = \frac{\partial \hat{\Phi}}{lfp * \partial \ln w} = \frac{\hat{\Phi} * \hat{\gamma}_1}{lfp}, \quad \hat{\eta}_y = \frac{\bar{y} * \partial \hat{\Phi}}{lfp * \partial y} = \frac{\hat{\gamma}_2 \bar{y} * \hat{\Phi}}{lfp}$$

$$(3.1.8)$$

其中，lfp 表示劳动参与率，$\bar{y}$ 表示非劳动收入的均值。

二 劳动参与半参数二元选择模型的设定

在工资方程第一阶段的简化式劳动参与方程以及结构式劳动参与方程的估计过程中，如果方程的随机扰动项不服从 $N(0,1)$，那么基于 Probit 模型的估计是不恰当的，因而有必要对 Probit 模型进行设定检验。当方程的解释变量中存在离散变量时，可以将样本按照离散解释变量分割成若干个子集，应用传统的频数估计法进行模型的设定检验。

然而，肖等（Hsiao et al.）2007 年认为当样本数量有限或者解释变量的数量相对于样本来说较多时，将样本按离散变量分割的每个子集将没有足够的观测值产生可信的参数估计，从而会产生有限样本效率损失问题（当方程解释变量中存在离散变量时，对样本进行分割的频数估计具有较低的势）。他们提出了具有离散解释变量参数模型的设定检验方法。

参数模型正确设定的原假设可以表示为：

H_0：对于任一 $\beta \in B$，有 $P[E(y_i | x_i) = m(x_i, \beta)] = 1$

其中，$m(\cdot,\cdot)$ 是已知的函数形式，β 是 $p \times 1$ 维未知的参数向量，B 是 R^p 的一个紧子集（compact subset）。原假设 H_0 的备择假设可以表示为：

H_1：对所有 β，有 $P[E(y_i | x_i) = m(x_i, \beta)] < 1$

检验统计量定义为：$I = E[u_i E(u_i | x_i) f(x_i)]$，当且仅当 H_0 为真时，$I = 0$。I 的样本形式可以表示为：

$$I_n = n^{-1} \sum_{i=1}^{n} \hat{u}_i \hat{E}_{-i}(u_i | x_i) \hat{f}_{-i}(x_i) = n^{-1} \sum_{i=1}^{n} \hat{u}_i \left\{ n^{-1} \sum_{j=1, j \neq i}^{n} \hat{u}_j W_{h,ij} L_{r,ij} \right\}$$

$$= n^{-2} \sum_{i} \sum_{j \neq i} \hat{u}_i \hat{u}_j K_{g,ij}$$

(3.1.9)

其中，$\hat{u}_i = y_i - m(x_i, \hat{\beta})$ 是原假设中参数模型的残差，$\hat{\beta}$ 是在原假设 H_0 下 β 的 $\sqrt{n}$ 一致估计量，$\hat{E}_{-i}(u_i | x_i) \hat{f}_{-i}(x_i)$ 是 $E(y_i | x_i) f(x_i)$ 的 leave-one-out 核估计量，$K_{g,ij} = W_{h,ij} L_{r,ij} (g = (h,r))$，W 是连续自变量的核函数，L 是离散自变量的核函数，h 是连续自变量的平滑参数向量，r 是离散自变量的平滑参数向量。肖等（2007）建议使用交叉—鉴定（Cross-Validation）方法选择平滑参数向量 h 和 r，使用 CV 平滑参数 $(\hat{h}_1, \cdots, \hat{h}_q, \hat{r}_1, \cdots, \hat{r}_s)$（假设 x_i 中连续变量的个数为 q，离散变量的个数为 s）代替式（3.1.9）中的 $(h_1, \cdots, h_q, r_1, \cdots, r_s)$ 可以得到基于 CV 的检验统计量 $\hat{I}_n$。肖等进一步证明在原假设 H_0 下：

$$n(\hat{h}_1 \cdots \hat{h}_q)^{1/2} \hat{I}_n \rightarrow N(0, \Omega), \Omega = 2E[\sigma^4(x_i) f(x_i)] \times \left[\int W^2(v) dv\right]$$

(3.1.10)

其中，$\sigma(x_i) = E(u_i^2)$，Ω 的一个一致估计量可以表示为：

$$\hat{\Omega} = \frac{2(\hat{h}_1 \cdots \hat{h}_q)}{n^2} \sum_i \sum_{j=i} \hat{u}_i^2 \hat{u}_j^2 W_{\hat{h},ij}^2 L_{\hat{r},ij}^2 \qquad (3.1.11)$$

因而，在原假设 H_0 下可以得到：

$$\hat{J}_n = n \, (\hat{h}_1 \cdots \hat{h}_q)^{1/2} \hat{I}_n / \sqrt{\hat{\Omega}} \to N(0,1) \qquad (3.1.12)$$

如果原假设 H_0 为假，那么 $\hat{J}_n \to \infty$。在劳动参与方程的随机扰动项服从 $N(0,1)$ 的原假设下，当 $\hat{J}_n$ 大于某一临界值时，原假设将被拒绝，在这种情况下应该使用半参数方法对劳动参与方程进行估计。半参数方法放松了参数模型中随机扰动项服从特定分布的假设，此时，基于简化式劳动参与方程得到的个体 i 劳动参与概率可以表示为：

$$\Pr(p_i = 1) = F(\alpha_1 y_i + z_i' \alpha_2) \qquad (3.1.13)$$

其中，$F(\cdot)$ 的函数形式未知，模型为半参数单指示模型①（semi-parametric single index model）。对于这类模型的估计有许多方法，如克莱因和斯巴迪（Klein & Spady）1993 年提出的半参数极大似然估计（semi-parametric MLE）、霍罗威茨（Horowitz）1992 年提出的平滑最大积分估计（smooth maximum score estimator）和伊基姆拉（Ichimura）1992 年提出的半参数最小二乘估计（semi-parametric least square）等。这里应用伊基姆拉提出的半参数最小二乘估计方法进行估计，系数的估计值可以通过最小化下面的式子得到：

$$\frac{1}{n} \sum_{i=1}^n [p_i - \hat{F}(\alpha_1 y_i + z_i' \alpha_2)] \qquad (3.1.14)$$

其中，$\hat{F}(\alpha_1 y_i + z_i' \alpha_2)$ 为 $F(\alpha_1 y_i + z_i' \alpha_2)$ 的非参数估计量。

在参数方法下，修正工资方程估计中样本选择偏差的逆米尔斯比可以依据式（3.1.4）得到。然而，在半参数估计方法下，由于简化式劳动参与方程中随机扰动项的分布形式未知，因而不能准确地得到逆米尔斯比的表达形式。纽维（Newey）1999 年提出可以通过一个多元函数序列得到逆米尔斯比的近似表达式。其主要思想为尽管并不知道逆米尔斯

---

① 单指示模型是将因变量 y 和指示形式 $x'\theta$ 通过具体函数联系起来，一般形式为：$y = \varphi(x'\theta) + \varepsilon$，$E(\varepsilon \mid x) = 0$。当 $\varphi(\cdot)$ 函数形式未知时，除已知 $E(\varepsilon \mid x) = 0$ 外，无法获得 ε 具体形式函数分布（Stroker, 1986）。

比的准确形式，但是可以确定逆米尔斯比是单指示 $\alpha_1 y_i + z'_i \alpha_2$ 的函数，因此可以通过单指示的一个多元函数序列近似表达逆米尔斯比。逆米尔斯比可以近似表示为：

$$\lambda_i \cong \sum_{j=1}^{J} \kappa_j \cdot \tau_i^{J-1} \qquad (3.1.15)$$

其中，κ_j 表示未知的系数，τ_i 表示已知的基础函数（basis function），它是 $\alpha_1 y_i + z'_i \alpha_2$ 的函数，J 表示基础函数的项数，通过增加 J 可以得到更加灵活的近似函数，但是却以需要估计更多的参数为代价。J 的项数可以通过交叉—鉴定方法来确定。纽维给出基础函数的近似形式：

$$\hat{\tau}_i = \varphi(\hat{\eta}_1 + \hat{\eta}_2 \hat{v}_i) / \Phi(\hat{\eta}_1 + \hat{\eta}_2 \hat{v}_i) \qquad (3.1.16)$$

其中，$\hat{v}_i$ 为半参数二元选择模型的拟合值（即 $F(\hat{\alpha}_1 y_i + z'_i \hat{\alpha}_2)$），$(\hat{\eta}_1, \hat{\eta}_2)$ 为 p_i 对 $(1, \hat{v}_i)$ 进行 Probit 回归所得的系数估计值。纽维指出用式（3.1.15）中的 λ_i 作为工资方程的解释变量，应用线性回归方法即可得到其他解释变量系数估计值的一致估计。

在得到工资方程的后，可以预测所有个体的市场工资率，进而估计结构式劳动参与方程，分析市场工资率对劳动参与概率的影响。结构式劳动参与方程可以表示为：

$$p_i^* = \gamma_1 \ln \hat{w}_i + \gamma_2 y_i + z'_i \gamma_3 + v_i$$
$$p_i = \begin{cases} 1 \text{ if } p_i^* > 0 \\ 0 \text{ if } p_i^* \leq 0 \end{cases} \qquad (3.1.17)$$

其中，γ_1、γ_2 和 γ_3 表示系数，基于结构式劳动参与方程得到的个体 i 劳动参与概率可以表示为：

$$\Pr(p_i = 1) = F(\gamma_1 \ln \hat{w}_i + \gamma_2 y_i + z'_i \gamma_3) \qquad (3.1.18)$$

通过 J_n 统计量可以检验结构式劳动参与方程中随机扰动项为 $N(0,1)$ 的原假设是否被拒绝，当原假设被拒绝时，式（3.1.18）为半参数单指示模型，应当使用半参数方法进行估计。根据结构式劳动参与方程的估计结果可以计算劳动参与工资弹性和收入弹性分别为：

$$\eta_w = \frac{\partial \hat{F}}{lfp * \partial \ln w}, \quad \eta_Y = \frac{\bar{y} \partial \hat{F}}{lfp * \partial y} \qquad (3.1.19)$$

三　城镇居民劳动参与行为的统计描述和回归分析

（一）城镇居民劳动参与行为的统计描述

分析所使用的数据来自2002年中国家庭收入项目调查，该数据覆盖了我国东、中、西三大地区12个省份和直辖市[①]的60多个城市近万个家庭，调查内容包括个人和家庭的基本信息，如收入、消费和财产情况，并分别对就业个体、失业个体以及离退休人员的相关信息进行了调查。由于调查中的已婚个体占据了劳动年龄人口的绝大多数，并且考虑到结合成家庭个体的劳动供给行为与单身个体的劳动供给行为存在较大差异，将样本的范围限制为结合成家庭并且夫妻双方均小于60岁的劳动年龄人口，并且从样本中删除了丈夫或妻子为离休、退休、提前退休或丧失劳动能力的家庭，最后得到4029个家庭样本。将在2002年有过就业经历定义为劳动参与，包括2002年底就业和2002年底失业但是2002年的就业时间为部分时间失业[②]。表3.1.1给出样本中处于各种劳动力市场状态的人口分布，可以发现男性参与劳动力市场的比例为94.8%，大于女性参与劳动力市场的比例83.3%。

表3.1.1　　　　　劳动力市场状态的人口分布

城镇居民	全年就业	部分时间就业	部分时间失业	全年失业	退出劳动力市场
女　性	3147	138	73	430	241
男　性	3654	122	44	198	11

根据搜寻匹配理论，市场工资率越高，个体劳动参与的概率越大；根据生命周期劳动供给理论，个体在整个生命周期内劳动参与形式并不相同；根据人力资本理论，个体的人力资本水平会影响个体劳动参与的概率；根据家庭劳动供给理论，家庭情况会影响个体的劳动

[①] 其中，东部地区包括北京、辽宁、江苏和广东，中部地区包括安徽、河南、湖北和山西；西部地区包括重庆、四川、云南和甘肃。

[②] 国外的研究一般将调查时点前的一段时期内有过工作经历定义为劳动参与，例如艾沙（Eissa）在1995年的研究中将在调查时点的前一年中工作一小时以上定义为劳动参与。

参与概率；根据区域经济理论，地区经济发展水平越高，个体参与劳动力市场的概率越大。综上所述，简化式劳动参与方程中包含了如下解释变量：表示生命周期劳动参与的年龄，表示人力资本水平受教育年限与身体健康情况（代理变量），表示家庭情况的户主（代理变量）、学龄前孩子（代理变量）和非劳动收入，表示经济环境差异的东、中、西部地区（代理变量）。结构式劳动参与方程中除包含简化式劳动参与方程中的解释变量外，还包含了市场工资率。

人力资本理论认为，个人收入差异来源于人力资本投资和积累的差异，工资方程包含了基本 Mincer 方程中反映人力资本投资和积累差异的教育年限和工作经验。利用基本 Mincer 方程时存在的一个重要问题是个人能力的异质性问题，即能力偏差问题[1]，为对个人能力的异质性加以控制，工资方程包含了表示个人能力的代理变量：重点中学、中学成绩和大学录取。如果个体所毕业高中是重点中学、中学成绩较好或者通过全国统一高考录取上大学，说明个体具有较高的能力。舒尔茨（Shultz）1988 年指出家庭教育背景可以作为不可观测的个体技能和教育质量等的代理变量，因而在工资方程中包含控制家庭教育背景的两个代理变量：父亲大学毕业和母亲大学毕业。考虑到不同地区的经济环境会对工资产生的不同影响，工资方程还包含了表示经济环境差异的东、中、西部地区的代理变量。

表 3.1.2 给出了女性和男性参与个体工资影响因素的统计描述。可以发现女性工资水平中位数以上样本平均受教育年限和工作经验分别比中位数工资水平以下样本多 1.75 和 2.22 年。男性工资水平中位数以上样本平均受教育年限和工作经验分别比中位数工资水平以下样本多 1.75 和 1.34 年。在代表个人能力的重点中学、中学成绩和大学录取的三个变量以及代表家庭教育背景的父亲大学毕业和母亲大学毕业两个变量中，工资水平中位数以上样本的均值均大于工资水平中位数以下样本的均值。表 3.1.2 的统计结果表明人力资本、个人能力和家庭教育背景对个体的工资水平均具有正向影响。

---

[1] 关于能力偏差的具体介绍参见格里利谢斯（Griliches）1977 年的研究成果。

表 3.1.2　　　　　参与个体工资影响因素的统计描述

影响因素	女性			男性		
	全部	中位数下	中位数上	全部	中位数下	中位数上
个人人力资本：						
受教育年限	11.20 (2.86)	10.26 (2.72)	12.13 (2.68)	11.44 (3.07)	10.55 (2.87)	12.3 (3.01)
工作经验	20.06 (7.65)	18.95 (7.8)	21.17 (7.33)	22.71 (7.77)	22.04 (7.81)	23.38 (7.67)
个人能力：						
重点中学	0.24 (0.43)	0.16 (0.37)	0.32 (0.47)	0.27 (0.44)	0.21 (0.41)	0.34 (0.47)
中学成绩	0.42 (0.49)	0.30 (0.46)	0.54 (0.50)	0.45 (0.50)	0.34 (0.47)	0.56 (0.50)
大学录取	0.10 (0.30)	0.04 (0.20)	0.15 (0.36)	0.15 (0.36)	0.08 (0.27)	0.22 (0.41)
家庭教育背景：						
父亲大学毕业	0.03 (0.18)	0.02 (0.13)	0.05 (0.22)	0.04 (0.21)	0.03 (0.18)	0.05 (0.23)
母亲大学毕业	0.02 (0.15)	0.01 (0.12)	0.03 (0.17)	0.02 (0.14)	0.01 (0.11)	0.02 (0.15)
工资率	5.35 (5.52)	2.50 (0.99)	8.21 (6.61)	6.35 (5.54)	3.34 (1.22)	9.37 (6.46)
样本数	3358	1679	1679	3820	1910	1910

注：重点中学、中学成绩、大学录取、父亲大学毕业和母亲大学毕业均为取值为 0 或 1 的代理变量。如果个体高中毕业并且毕业于重点中学，重点中学代理变量取值为 1；如果个体中学时成绩为最高的 20% 或者是中等偏上的 20%，中学成绩变量取值为 1；如果个体上大学是通过全国统一高考录取，大学录取代理变量取值为 1；如果个体的父亲或母亲大学毕业，父亲或母亲大学毕业的代理变量取值为 1。教育年限和工作经验的单位为年，工资率由参与个体的年工薪收入除以年工作小时数得到。（）内为标准差，下同。

表 3.1.3 给出了劳动参与影响因素的统计描述。可以发现女性参与样本平均年龄为 40.47 岁，小于非参与样本的平均年龄 43.04 岁，同样，男性参与样本的平均年龄也小于非参与样本的平均年龄。女性和男性参与样本中平均受教育年限和健康比例要分别大于非参与样本中平均受教育年限和健康比例，这说明参与样本的人力资本平均水平要高于非参与样本。女性参与样本户主比例、非劳动收入的平均值、学龄前孩子的比例都要高于非参与样本相应各项的值。男性参与样本户主比例高于非参与样本，非劳动收入的平均值则略低于非参与样本，学龄前孩子的

比例高于非参与样本。表 3.1.3 的统计结果表明年龄对劳动参与概率具有负向影响；表示人力资本水平的受教育年限和健康对劳动参与概率具有正向影响；表示家庭情况的户主身份和学龄前孩子对劳动参与概率具有正向影响，但非劳动收入对女性和男性劳动参与概率的影响并不确定。为准确确定各变量对市场工资率和劳动参与概率的影响，并度量作用的大小，需要进一步进行回归分析。

表 3.1.3　　　　　　劳动参与影响因素的统计描述

影响因素	女性 全部	女性 参与	女性 非参与	男性 全部	男性 参与	男性 非参与
年　龄	40.90 (6.75)	40.47 (6.64)	43.04 (6.89)	42.93 (6.91)	42.68 (6.89)	47.50 (5.63)
人力资本：						
教育年限	10.80 (2.96)	11.20 (2.86)	8.79 (2.65)	11.34 (3.07)	11.44 (3.07)	9.61 (2.51)
健　康	0.95 (0.22)	0.95 (0.21)	0.92 (0.28)	0.96 (0.19)	0.97 (0.17)	0.86 (0.35)
家庭情况：						
户　主	0.32 (0.47)	0.36 (0.48)	0.14 (0.35)	0.68 (0.47)	0.68 (0.47)	0.60 (0.49)
非劳动收入	15401 (11033)	15487 (11365)	14970 (9192)	11598 (10073)	11594 (10061)	11669 (10306)
学龄前孩子	0.12 (0.33)	0.13 (0.33)	0.10 (0.30)	0.12 (0.33)	0.13 (0.33)	0.04 (0.20)
样本数	4029	3358	671	4029	3820	209

注：学龄前孩子、户主和健康均为取值为 0 或 1 的代理变量。如果个体具有 6 岁以下的孩子，学龄前孩子代理变量的取值为 1；如果个体是户主，户主代理变量取值为 1；如果个体认为与同龄人相比身体情况很好、较好或一般，健康情况变量取值为 1。非劳动收入为年收入，单位为元。

（二）城镇居民整体劳动参与行为的回归分析

表 3.1.4 给出了简化式劳动参与方程的估计结果。从女性简化式劳动参与方程的估计结果来看，在参数估计和半参数估计下，劳动参与方程的解释变量对劳动参与概率的影响方向是一致的，并且边际效应无较大差异[①]，比如，在参数估计中，女性年龄增加 1 岁会使劳动参与的概

---

① 系数的大小存在较大差异，这主要是半参数劳动参与方程中户主变量的系数固定为 1 所导致。

率降低 0.0057，而在半参数估计中，女性年龄增加 1 岁则会使劳动参与概率降低 0.0059。随着年龄的增长，女性劳动参与概率逐渐下降，与生命周期理论的预期相符[①]；健康的身体和较高的受教育年限均会增加女性劳动参与的概率，与人力资本理论的预期相符；户主身份对女性劳动参与概率具有正向影响，说明户主需要承担更多的收入责任；有学龄前孩子对女性劳动参与的概率具有负向影响，说明女性需要花费一定时间照看年幼的孩子；非劳动收入的增加对女性劳动参与的概率具有负向影响，说明收入效应在发挥作用；中部和西部地区女性劳动参与的概率要小于东部地区，与区域经济发展水平相符。J_n 统计量的估计值为 0.9797，并没有拒绝原假设，说明参数估计已经是恰当的。

从男性简化式劳动参与方程的估计结果来看，年龄对男性劳动参与概率同样具有负向影响；健康的身体和较高的受教育年限同样会增加男性的劳动参与概率；户主身份同样对男性劳动参与概率具有正向影响，但影响程度明显小于女性，非劳动收入对男性劳动参与概率具有负向影响，但影响小于女性，学龄前孩子对劳动参与概率没有显著影响，说明男性的劳动参与受到家庭情况的影响较小；中部地区男性劳动参与概率要小于东部地区，而西部地区劳动参与的概率与东部地区则无明显差别。J_n 统计量的估计值为 0.2167，同样没有拒绝原假设，说明参数估计也是恰当的。

表 3.1.4　　　　　简化式劳动参与方程的估计结果

解释变量	女 性 参 数	女 性 半参数	男 性 参 数	男 性 半参数
户　主	0.5692*** [0.1050]	1.0000	0.2328*** [0.0188]	1.0000
年　龄	-0.0278*** [-0.0057]	-0.0064*** [-0.0059]	-0.0477*** [-0.0035]	-0.0031*** [-0.0031]

---

① 国外的经验研究结果发现，年龄对劳动参与概率和工作时间的影响可能会表现出二次关系，因此本章在劳动参与方程的估计中首先加入年龄的二次项进行分析，结果发现二次项的引入却导致一次项和二次项都变得不显著，但去掉二次项后，一次项却是显著的，说明年龄对劳动参与概率的影响不存在二次关系。在后文基于不同的数据估计劳动参与方程和工作时间方程过程中，均采用先加入年龄的二次项，如果不显著再将其去掉的分析方法。

续表

解释变量	女性 参数	女性 半参数	男性 参数	男性 半参数
健康	0.2974*** [0.0710]	0.0743*** [0.0696]	0.7318*** [0.1006]	0.1069*** [0.1047]
受教育年限	0.1500*** [0.0310]	0.03309*** [0.0309]	0.0810*** [0.0061]	0.0060*** [0.0058]
学龄前孩子	-0.1551** [-0.0342]	-0.0472*** [-0.0442]	0.1036 [0.0072]	-0.0130 [-0.0127]
非劳动收入	-0.0370* [-0.0766]	-0.0095*** [-0.0734]	-0.0496* [-0.0315]	-0.0065** [-0.0324]
中部	-0.4922*** [-0.1098]	-0.1161*** [-0.1087]	-0.2607*** [-0.0209]	-0.0359*** [-0.0351]
西部	-0.2132*** [-0.0465]	-0.0563*** [-0.0527]	0.0189 [0.0014]	-0.0028 [-0.0028]
常数项	0.5155**		2.1857***	
Pseudo R^2	0.1588	0.1565	0.1218	0.0697
设定检验	$\hat{J}_n = 0.9797, P = 0.1636$		$\hat{J}_n = 0.2167, P = 0.4142$	

注：*、**和***分别表示在10%、5%和1%水平下显著。由于半参数单指示模型只能规模识别，在半参数劳动参与方程中，需将某一变量的系数固定为1，选择将户主的系数固定为1。为使非劳动收入变量的系数估计值与其他变量的系数估计值在数量级上不存在较大差异，在回归中将非劳动收入变量除以10000。[ ] 内为劳动参与二元选择模型的边际效应，即连续变量增加1单位或者是离散变量由0变为1时劳动参与概率的变动情况。下同。

表3.1.5给出了工资方程的估计结果。无论是参数估计还是半参数估计，无论是女性还是男性，工资方程中的选择修正项逆米尔斯比都是显著的，说明修正样本选择偏差是必要的。从女性工资方程的估计结果来看，在参数估计和半参数估计下，解释变量对工资率的影响趋势是一致的。表示人力资本的受教育年限和工作经验对工资率具有正向影响，并且工作经验对工资率的影响呈边际递减趋势，这与人力资本理论的预期是一致的；表示家庭教育背景变量中的父亲大学毕业对女性工资率具有正向影响，而母亲大学毕业对女性工资率的影响并不显著；表示能力的重点中学、中学成绩和大学录取对工资率均具有正向影响，中部和西

部地区女性的工资率要低于东部地区女性的工资率。从男性工资方程的估计结果来看，在参数估计和半参数估计下，解释变量对工资率的影响同样表现出相同的趋势，表示人力资本、家庭教育背景、个人能力和地区经济环境差异的变量对工资率的影响均与理论预期相符。

表 3.1.5　　　　　　　　　工资方程的估计结果

变量	女性 参数	女性 半参数	男性 参数	男性 半参数
受教育年限	0.0563 ***	0.0619 ***	0.0548 ***	0.0552 ***
经验	0.0380 ***	0.0410 ***	0.0262 ***	0.0271 ***
经验的平方	−0.0005 ***	−0.0005 **	−0.0002 *	−0.0002 *
父亲大学毕业	0.1408 **	0.1242 *	0.1531 ***	0.1532 ***
母亲大学毕业	−0.0027	−0.0077	0.0202	0.0205
重点中学	0.1048 ***	0.1003 ***	0.0904 ***	0.0902 ***
中学成绩	0.1118 ***	0.0943 **	0.0883 ***	0.0883 *
大学录取	0.1838 ***	0.1495 ***	0.1663 ***	0.1632 ***
中部	−0.2241 ***	−0.2395 ***	−0.3183 ***	−0.3041 ***
西部	−0.1835 ***	−0.1913 ***	−0.2838 ***	−0.2802 **
常数项	0.4829 ***	0.3851 ***	0.6698 ***	0.7062 ***
λ	−0.5046 ***		−0.3895 **	
τ_1		−1.3830 ***		−1.0413 ***
τ_2		1.1744 ***		0.9099 **
R^2	0.2046	0.2102	0.2091	0.2101

对比女性和男性工资方程的估计结果可以发现，受教育年限、工作经验以及表示个人能力的三个变量对女性工资率的影响要大于对男性工资率的影响，说明人力资本水平和个人能力在决定女性工资的过程中发挥了更大的作用。男性工资方程中代表地区经济环境差异的中部和西部变量的系数绝对值要大于女性系数的绝对值，说明男性工资的地区差距要大于女性工资的地区差距。从劳动经济学中比较关注的教育收益率指标来看，在参数方法下，女性和男性的教育收益率分别为 5.63% 和

5.48%，而在非参数方法下，女性和男性的教育收益率为 6.19% 和 5.52%，说明女性的教育收益率均高于男性的教育收益率[①]。由于在简化式劳动参与方程中，$\hat{J}_n$ 统计量表明参数估计的结果没有被拒绝，因而采用参数工资方程对个体的工资率进行预测，并将预测的工资率作为劳动参与方程的解释变量估计结构式劳动参与方程。

表 3.1.6 给出了女性和男性结构式劳动参与方程的估计结果。同简化式的结果类似，$\hat{J}_n$ 统计量的估计值表明参数模型的估计结果没有被拒绝。然而，结构式劳动参与方程和简化式劳动参与方程的估计结果存在着较大差异，主要是因为工资率变量的引入，影响了其他变量对劳动参与概率的效应。市场工资率对女性和男性的劳动参与概率具有正向影响，符合搜寻匹配理论的预期；代表人力资本的健康变量不再影响劳动参与概率，较高的受教育年限降低了女性和男性劳动参与的概率，主要是因为在相同的市场工资率下，人力资本水平较高的个体，其保留工资也较高，从而劳动参与概率较低；代表家庭情况的学龄前孩子降低了女性劳动参与的概率，对男性劳动参与的概率没有影响，户主变量不再影响女性和男性劳动参与的概率，非劳动收入对女性和男性劳动参与的概率具有负向影响，但这种影响要略小于简化式中非劳动收入对劳动参与概率的影响，说明在考虑市场工资率的影响下，家庭因素对劳动参与概率影响降低。女性和男性结构式劳动参与方程中，代表地区经济环境差异的中部和西部变量的系数估计值都为正，说明如果中西部地区具有和东部地区相同的工资水平，那么中部和西部地区劳动参与概率要大于东部地区。

表 3.1.6　　　　　　**结构式劳动参与方程的估计结果**

解释变量	女　性		男　性	
	参　数	半参数	参　数	半参数
户　主	0.0752　[0.0138]	1.0000	0.0690　[0.0046]	1.0000
工资率的对数	3.1966 *** [0.5943]	0.7848 *** [0.6092]	2.9433 *** [0.1914]	0.4587 *** [0.2558]

---

① 这与相关的经验研究的结果是一致的。对教育收益率经验研究的详尽回顾参见孙志军（2004）。

续表

解释变量	女性 参数	女性 半参数	男性 参数	男性 半参数
年龄	-0.0554*** [-0.0103]	-0.0127*** [-0.0098]	-0.0745*** [-0.0048]	-0.0103*** [-0.0058]
健康	0.1802 [0.0369]	0.0217 [0.0168]	0.1759 [0.0133]	0.0546 [0.0304]
受教育年限	-0.1985*** [-0.0369]	-0.0551*** [-0.0428]	-0.1633*** [-0.0106]	-0.0242*** [-0.0135]
学龄前孩子	-0.1073** [-0.0349]	-0.0401*** [-0.0388]	0.2113 [0.0118]	-0.0011 [-0.0106]
非劳动收入	-0.0304** [-0.0527]	-0.0078*** [-0.0601]	-0.0392** [-0.0261]	-0.0052** [-0.0292]
中部	0.6685*** [0.1121]	0.1633*** [0.1268]	0.4331*** [0.0257]	0.1072*** [0.0598]
西部	0.6456*** [0.1013]	0.1434*** [0.1113]	0.8985 [0.0011]	0.0584*** [0.0325]
常数项	0.8428***		1.8418***	
Pseudo R^2	0.3221	0.3449	0.1906	0.1987
设定检验	$\hat{J}_n = 0.5342, P = 0.2966$		$\hat{J}_n = 0.9656, P = 0.1671$	

由于参数模型设定检验的原假设并没有被拒绝,因而参数模型估计的结果是恰当的。根据参数结构式劳动参与方程的估计结果可以在样本均值处求得女性和男性劳动参与弹性,女性和男性劳动参与的工资弹性分别为 0.7130 和 0.2038,劳动参与收入弹性分别为 -0.0914 和 -0.0319,女性劳动参与对工资率和非劳动收入的反应要分别大于男性劳动参与对工资率和非劳动收入的反应,并且无论女性还是男性,劳动参与对于工资率的反应要大于对非劳动收入的反应。国外多数劳动供给的经验研究发现,女性劳动供给的工资弹性要大于男性劳动供给的工资弹性,并且劳动参与弹性要大于工作时间弹性 (Blundell & MaCurdy,1999)。尽管本章的分析并没有考虑工作时间,但是女性劳动参与对于工资率和非劳动收入的反应大于男性的经验结果与国外多数经验研究得

出的结论是一致的。

（三）城镇居民不同收入群体劳动参与行为的回归分析

在对城镇居民整体女性和男性劳动参与行为的差异进行分析之后，本章进一步分析不同收入群体的劳动参与行为的差异。为分析不同群体的劳动参与行为，可以在劳动参与方程中设定标识不同群体的代理变量，再次估计劳动参与方程，然后将不同群体各变量的均值代入劳动参与方程，求得不同群体劳动参与的工资弹性和收入弹性，但这种方法将解释变量对劳动参与概率的边际影响在不同的群体间看作是相同的，然而更加现实的情况是这种边际影响在不同的群体间是不同的。因此，本章将所有样本按家庭平均收入由低到高平分成四个子群体，分别对不同群体的劳动参与方程加以估计，估算不同群体劳动参与的工资弹性和收入弹性。由于将样本按家庭平均收入四等分组后，每组样本可能并不能很好地代表相应的收入群体，因而不同群体结构式劳动参与方程参数模型的设定可能是不恰当的，因此需要对不同群体劳动参与方程参数模型设定的合理性进行检验。表 3.1.7 给出了女性和男性不同收入群体结构式劳动参与方程参数设定检验的 $\hat{J}_n$ 统计量，可以看出除低收入群体女性和男性、高收入群体男性劳动参与方程的参数模型设定没有被拒绝外，其他收入群体均拒绝了参数模型的设定，因而半参数模型的估计结果更加稳健。出于比较的目的，在分析中同时给出了结构式劳动参与方程参数模型的估计结果。

表 3.1.7　　不同收入群体结构式劳动参与方程参数设定检验

性别	低收入群体	中低收入群体	中高收入群体	高收入群体
女性	$\hat{J}_n = 0.1305$, $P = 0.4480$	$\hat{J}_n = 1.9262$, $P = 0.0270$	$\hat{J}_n = 1.6608$, $P = 0.0484$	$\hat{J}_n = 3.3118$, $P = 0.0005$
男性	$\hat{J}_n = 0.2167$, $P = 0.4142$	$\hat{J}_n = 1.8034$, $P = 0.0357$	$\hat{J}_n = 2.0423$, $P = 0.0205$	$\hat{J}_n = -1.4226$, $P = 0.9226$

表 3.1.8 给出了不同收入群体女性劳动参与方程半参数估计的结果。可以发现工资率对各收入群体女性劳动参与概率均具有正向影响，并且边际效应呈递减趋势，工资率对数对低收入群体劳动女性参

与概率的边际效应最大(0.7270),而对高收入群体女性劳动参与概率的边际效应最小(0.2313);年龄对每个收入群体女性劳动参与概率都具有负向影响;身体健康对高收入群体女性劳动参与概率具有正向影响,而对其他收入群体劳动参与概率没有显著影响;受教育年限对每个收入群体女性劳动参与概率均具有负向影响,原因在于教育水平较高的个体,其保留工资较高,在相同的市场工资水平下,劳动参与概率将会较低;学龄前孩子对低收入群体和中低收入群体女性劳动参与概率具有显著正向影响,而对其他收入群体女性劳动参与概率并没有显著影响;非劳动收入对每个收入群体女性劳动参与概率均具有负向影响,并且边际效应呈递减趋势,对低收入群体边际效应最大(-0.2482),而对高收入群体边际效应最小(-0.0021);代表地区经济环境差异的中部和西部代理变量在女性各收入群体的劳动参与方程中均显著为正,说明如果中部和西部地区具有同样的工资水平,中部和西部地区各收入群体女性劳动参与概率均要大于东部地区相应收入群体女性劳动参与的概率。

表 3.1.8 不同收入群体女性劳动参与方程半参数估计的结果

解释变量	低收入群体	中低收入群体	中高收入群体	高收入群体
户 主	1.0000	1.0000	1.0000	1.0000
工资率对数	0.8152*** [0.7270]	0.6267*** [0.5003]	0.5598*** [0.3862]	0.4862*** [0.2313]
年 龄	-0.0086*** [-0.0077]	-0.0166*** [-0.0133]	-0.0113*** [-0.0078]	-0.0052*** [-0.0025]
健 康	0.0273 [0.0244]	-0.0433 [-0.0346]	-0.0104 [-0.0072]	0.1713*** [0.0815]
受教育年限	-0.0691*** [-0.0616]	-0.0538*** [-0.0429]	-0.0358*** [-0.0247]	-0.0329*** [-0.0157]
学龄前孩子	0.1506*** [0.1343]	0.0409* [0.0327]	0.0331 [0.0228]	0.0132 [0.0063]
非劳动收入	-0.2783*** [-0.2482]	-0.1997*** [-0.1595]	-0.1119*** [-0.0773]	-0.0044** [-0.0021]

续表

解释变量	低收入群体	中低收入群体	中高收入群体	高收入群体
中 部	0.1715 *** [0.1530]	0.1484 *** [0.1185]	0.1176 *** [0.0811]	0.0633 *** [0.0301]
西 部	0.1610 *** [0.1436]	0.1166 *** [0.0931]	0.0898 *** [0.0619]	0.0836 *** [0.0398]
Pseudo R^2	0.3341	0.4337	0.3191	0.3711

根据方程（3.1.19）可以计算每个收入群体女性的劳动参与弹性。由低收入群体至高收入群体，女性劳动参与的工资弹性分别为1.2376、0.7894、0.6610和0.5383，而女性劳动参与的收入弹性分别为 -0.3172、-0.2793、-0.1754和 -0.0291。女性劳动参与的工资弹性和收入弹性均随家庭平均收入的增加而递减，并且每个收入群体中女性劳动参与的工资弹性均大于劳动参与的收入弹性，说明女性劳动参与的替代效应远大于收入效应，工资率的提升将会促进女性的劳动参与。

表3.1.9给出了不同收入群体女性劳动参与方程参数估计的结果。可以发现解释变量对不同收入群体女性劳动参与概率的影响趋势与半参数模型的结果是类似的。在参数模型下，工资率对各收入群体女性劳动参与概率均具有正向影响，并且边际效应呈递减趋势，对低收入群体女性劳动参与概率的边际效应最大（1.0245），而对高收入群体女性劳动参与概率的边际效应最小（0.1024）。非劳动收入对各收入群体女性劳动参与概率均具有负向影响，并且边际效应呈递减趋势，对低收入群体边际效应最大（-0.3692），而对高收入群体边际效应最小（-0.0035）。根据方程（3.1.19）可以计算每个收入群体女性的劳动参与弹性。由低收入群体至高收入群体，女性劳动参与的工资弹性分别为1.5360、0.6014、0.3139和0.1587，而劳动参与的收入弹性分别为 -0.4250、-0.2605、-0.1046和 -0.0146。参数模型下女性劳动参与的工资弹性和收入弹性的变动趋势与半参数模型下女性劳动参与弹性的变动趋势是一致的。

表 3.1.9　不同收入群体女性劳动参与方程参数估计的结果

解释变量	低收入群体	中低收入群体	中高收入群体	高收入群体
户　主	-0.1837 [-0.0663]	0.2708 [0.0447]	-0.0485 [-0.0050]	0.2122 [0.0080]
工资率对数	2.8990 *** [1.0245]	2.7901 *** [0.4950]	2.7477 *** [0.2821]	2.6115 *** [0.1024]
年　龄	-0.0345 *** [-0.0122]	-0.0828 *** [-0.0147]	-0.0669 *** [-0.0069]	-0.0749 *** [-0.0029]
健　康	0.1379 [0.0522]	-0.0518 [-0.0089]	-0.0210 [-0.0021]	0.8890 *** [0.0814]
受教育年限	-0.2318 *** [-0.0819]	-0.2265 *** [-0.0402]	-0.1507 *** [-0.0155]	-0.1264 ** [0.0049]
学龄前孩子	0.5464 *** [0.1705]	0.2249 [0.0387]	0.2335 [0.0207]	-0.1750 [-0.0080]
非劳动收入	-1.0449 *** [-0.3692]	-1.0302 *** [-0.1828]	-0.5937 *** [-0.0610]	-0.0897 * [-0.0035]
中　部	0.6041 *** [0.2097]	0.6859 *** [0.1152]	0.5867 *** [0.0540]	0.3382 [0.0107]
西　部	0.5716 *** [0.1880]	0.5483 *** [0.0853]	0.4852 ** [0.0431]	0.3352 [0.0108]
常数项	1.2527 ***	4.2701 ***	2.8087 ***	1.9726 **
Pseudo R^2	0.2848	0.4079	0.3227	0.3861

表 3.1.10 给出了不同收入群体男性劳动参与方程半参数估计的结果。可以发现工资率对四个收入群体男性劳动参与概率均具有正向影响，工资率对数对低收入群体男性劳动参与概率的边际效应最大 (0.3942)，而对中高收入群体男性劳动参与概率的边际效应最小 (0.0640)；年龄对各收入群体男性劳动参与概率都具有负向影响；身体健康对低收入群体男性和高收入群体男性劳动参与概率的影响显著为正，而对其他收入群体劳动参与概率的影响并不显著；受教育年限对各收入群体劳动参与概率的影响为负，可能原因在于教育水平较高的个体，其保留工资较高，在相同的市场工资水平下，劳动参与概率将会较

低;学龄前孩子对低收入群体男性劳动参与概率具有显著正向影响,而对其他收入群体男性劳动参与概率的影响并不显著,说明低收入群体男性需要为培育孩子付出更多的劳动;非劳动收入对男性劳动参与概率具有负向影响,并且边际效应呈递减趋势,对低收入群体边际效应最大(-0.2110),对高收入群体边际效应最小(-0.0059);代表地区经济环境差异的中部代理变量和西部代理变量在各收入群体男性劳动参与方程中均显著为正,说明如果中部和西部地区具有同样的工资水平,中部和西部地区各收入群体男性劳动参与概率要大于东部地区相应群体男性劳动参与的概率。

表 3.1.10 不同收入群体男性劳动参与方程半参数估计的结果

解释变量	低收入群体	中低收入群体	中高收入群体	高收入群体
户 主	1.0000	1.0000	1.0000	1.0000
工资率对数	0.4787 *** [0.3942]	0.2084 *** [0.1437]	0.1643 *** [0.0640]	0.2788 *** [0.0891]
年 龄	-0.0104 *** [-0.0086]	-0.0075 *** [-0.0052]	-0.0082 *** [-0.0032]	-0.0019 *** [-0.0006]
健 康	0.1453 *** [0.1198]	0.0221 [0.0153]	0.0163 [0.0063]	0.0609 *** [0.0194]
受教育年限	-0.0316 *** [-0.0261]	-0.0107 ** [-0.0073]	-0.0134 *** [-0.0052]	-0.0132 *** [-0.0042]
学龄前孩子	0.0513 ** [0.0423]	-0.0077 [-0.0053]	-0.0193 * [-0.0075]	0.0064 [0.0021]
非劳动收入	-0.1336 *** [-0.2110]	-0.1154 *** [-0.0796]	-0.1685 *** [-0.0457]	-0.0185 *** [-0.0059]
中 部	0.1386 *** [0.1142]	0.0711 *** [0.0491]	0.0458 *** [0.0084]	0.0386 *** [0.0123]
西 部	0.1550 *** [0.1277]	0.0332 *** [0.0229]	0.0802 *** [0.0412]	0.0508 *** [0.0163]
Pseudo R^2	0.2498	0.1932	0.3043	0.2197

根据方程(3.1.19)可以计算男性各收入群体的劳动参与弹性。

由低收入群体至高收入群体男性劳动参与的工资弹性分别为 0.4405、0.1554、0.0656 和 0.0913，劳动参与的收入弹性分别为 -0.1068、-0.0678、-0.0562 和 -0.0133。男性劳动参与的工资弹性由低收入群体至中高收入群体呈递减趋势，高收入群体男性劳动参与的工资弹性要大于中高收入群体，但小于前两个收入群体男性劳动参与的工资弹性。每个收入群体男性劳动参与的收入弹性都很小，并且劳动参与的收入弹性由低收入群体至高收入群体呈递减趋势。每个收入群体中男性劳动参与的工资弹性都远大于劳动参与的收入弹性，说明男性劳动参与的替代效应远大于收入效应，工资率的提升将会促进男性的劳动参与。

表 3.1.11 给出了不同收入群体男性劳动参与方程参数估计的结果。可以发现工资率对不同收入群体男性劳动参与概率均具有正向影响，但由低收入群体至高收入群体对劳动参与概率的边际影响呈正 U 趋势，与半参数模型的趋势一致；非劳动收入对男性劳动参与概率具有负向影响，并且边际效应呈递减趋势，与半参数模型的趋势一致。

根据方程（3.1.14）可以计算各收入群体男性的劳动参与弹性。由低收入群体至高收入群体男性劳动参与的工资弹性分别为 0.3425、0.1062、0.0417 和 0.0849，男性劳动参与的收入弹性分别为 -0.0620、-0.0341、-0.0085 和 -0.0055。劳动参与的工资弹性由低收入群体至中高收入群体呈递减趋势，高收入群体劳动参与的工资弹性要大于中高收入群体，但小于前两个收入群体劳动参与的工资弹性，即正 U 变动趋势；每个收入群体劳动参与的收入弹性均很小，并且劳动参与的收入弹性由低收入群体至高收入群体呈递减趋势；每个收入群体中男性劳动参与的工资弹性都远大于劳动参与的收入弹性，说明替代效应大于收入效应。

表 3.1.11　不同收入群体男性劳动参与方程参数估计的结果

解释变量	低收入群体	中低收入群体	中高收入群体	高收入群体
户　主	0.0450 [0.0055]	0.1411 [0.0079]	-0.1029 [-0.0006]	0.0241 [0.0005]
工资率对数	2.5425 *** [0.3065]	1.8943 *** [0.1003]	2.9737 *** [0.0407]	3.9660 *** [0.0828]

续表

解释变量	低收入群体	中低收入群体	中高收入群体	高收入群体
年　龄	-0.0629*** [-0.0076]	-0.0803*** [-0.0043]	-0.1073*** [-0.0015]	-0.0778*** [-0.0016]
健　康	0.5011** [0.0837]	-0.0451 [-0.0023]	0.0785 [0.0012]	-0.1296 [-0.0023]
受教育年限	-0.1819*** [-0.0219]	-0.0904** [-0.0048]	-0.2255*** [-0.0031]	-0.2058*** [-0.0043]
学龄前孩子	0.9102*** [0.0675]	0.3134 [0.0133]	-0.3601 [-0.0071]	-0.2307 [-0.0061]
非劳动收入	-1.0096*** [-0.1217]	-0.7568*** [-0.0401]	-0.5071*** [-0.0069]	-0.1176** [-0.0025]
中　部	0.3990*** [0.0479]	0.4868** [0.0246]	0.1578 [0.0021]	0.5911*** [0.0085]
西　部	0.0728 [0.0086]	-0.2094 [-0.0120]	0.8313*** [0.0087]	0.2218*** [0.0040]
常数项	1.9827***	3.8063***	5.1888***	1.5852
Pseudo R^2	0.2268	0.2274	0.2945	0.2619

四　本节结论

　　本节的研究应用微观计量方法对中国城镇劳动力市场中女性和男性的工资方程和劳动参与方程进行了估计，并估算了劳动参与的工资弹性和收入弹性。研究结果表明：女性整体和男性整体的劳动参与的工资弹性分别为 0.7130 和 0.2038，劳动参与收入弹性分别为 -0.0914 和 -0.0319。本章进一步分析了城镇居民不同收入群体的劳动参与行为。由于参数模型设定检验的 $\hat{J}_n$ 统计量拒绝了大部分收入群体参数模型估计的结果，因而半参数模型所得的结果更加稳健。在每个收入群体中，女性劳动参与的工资弹性和收入弹性要分别大于男性劳动参与的工资弹性和收入弹性；女性劳动参与的工资弹性明显大于收入弹性，同样男性劳动参与的工资弹性也要明显大于收入弹性。随着家庭收入的提高，女性和男性劳动参与的工资弹性和收入弹性均大体呈现递减趋势，且低收入群体劳动参与的工资弹性和收入弹性要明显大于其他收入群体的工资弹性和收入弹性。

　　根据经验分析的结果可以得出一些政策建议。首先，由于整体和不同收入群体中女性劳动参与的工资弹性都要大于男性，因而公共政策的关注点更应该倾向女性群体，降低城镇劳动力市场中对女性的歧视，增加女性的劳动收入可以明显促进女性的劳动参与，起到缩小家庭收入差距的作用（丁赛等，2007）。其次，由于低收入群体劳动参与具有较大的工资弹性，并且明显大于其他群体，同时低收入群体的劳动参与率却又明显低于其他收入群体，因此针对低收入群体设计和实施积极的劳动力市场政策（如提供公共岗位政策）将能够有效地促进低收入群体的劳动参与。再次，由于低收入群体劳动参与的收入弹性为负值，因此单纯的收入维持政策（如最低生活保障制度和失业保险制度）只能在短期内缓解城镇贫困问题，无法促进低收入群体的劳动参与，进而无法从根本上使其摆脱贫穷的困境。最后，本部分的分析结果表明公共政策的设计应该充分考虑到不同群体劳动供给行为反应的差异。

　　此外，本部分提出的将城镇居民总样本按照家庭收入由低到高分成若干子样本，并通过劳动参与方程的参数模型和半参数模型分析每个子样本劳动参与行为的研究思路可能不仅可以用于劳动参与行为的分析，而且可以应用于其他经济学问题的分析，如不同收入群体的消费行为等。

第二节　城镇居民工作时间选择行为的经验研究

　　第一节进行了城镇居民劳动供给行为广度层面的分析，本节将分析城镇居民劳动供给的深度层面——工作时间选择行为。随着城镇劳动力市场改革的不断深化，城镇居民在工作时间选择上具有了一定程度的自主权。同劳动参与行为类似，工作时间选择行为的分析主要是估计工作时间对市场工资率和非劳动收入的反应，即工作时间的工资弹性和收入弹性。布伦德尔和麦柯迪（Blundell & MaCurdy，1999）认为完全生命周期工资弹性是分析公共政策劳动供给反应最恰当的工资弹性，然而，由于估计生命周期工作时间方程对微观数据的要求过高，现实中关于工作时间选择的经验研究多数是使用截面数据进行的静态分析。

范苏斯特（van Soest）在1995年的研究中将分析工作时间选择行为的模型分为连续工作时间选择模型和离散工作时间选择模型两类。连续工作时间选择模型假定个体的工作时间集由小于可支配时间的连续非负实数构成，其分析的出发点是设定由劳动供给理论推导出的工作时间方程并对其加以估计。离散工作时间模型约束个体只能在有限的离散工作时间选择构成的集合中选择效用最大的工作时间，其分析的出发点是设定劳动供给理论中的效用函数并对其加以估计。连续工作时间选择模型以工作时间方程为出发点，在不考虑公共政策对个体工作时间选择行为影响的情况下，其估计较为容易。然而，由于受到需求因素的限制，个体往往不能够任意选择偏好的工作时间，这通常被看作是连续工作时间选择模型不符合现实之处，但布伦德尔和麦柯迪（Blundell & MaCurdy, 1999）指出个体可以通过选择职业和雇主间接地选择其偏好的工作时间，从而对连续工作时间选择模型的合理性给出了解释。离散工作时间选择模型关于工作时间集的假定通常被认为是合理的，但这种对工作时间集离散化会产生近似误差以及可利用信息的不完整使用，离散化工作时间集时的分类范围越宽，所产生的近似误差越大，同时离散工作时间选择模型的估计要相对复杂。

本节分别使用连续工作时间选择模型和离散工作时间选择模型分析城镇居民的工作时间选择行为，所使用的数据为2002年中国家庭收入项目（CHIP）城镇部分的调查数据和2006年东北三省劳动力调查数据。李和杰克斯（Li & Zax）在其2003年的研究中基于1995年的CHIP数据，使用连续模型分析了城镇居民的工作时间选择行为，因此，本节一方面基于2002年的CHIP数据使用连续工作时间选择模型分析中国城镇居民的工作时间选择行为，从而能够与李和杰克斯所得结果进行对比，另一方面基于2006年东北三省劳动力调查数据使用离散工作时间选择模型分析城镇居民的工作时间选择行为，从而能够以不同的方法从不同的角度认识城镇居民的工作时间选择行为。本节结构安排如下：首先，给出连续工作时间选择模型的设定；其次，给出离散工作时间选择模型的设定；再次，对城镇居民的工作时间选择行为进行分析；最后，给出本节所得到的结论。

一 连续工作时间选择模型的设定

应用连续工作时间选择模型分析工作时间选择行为需要考虑工作时间方程估计的样本选择偏差问题。首先,估计简化式劳动参与方程;其次,通过简化式劳动参与方程的估计结果计算修正项逆米尔斯比的估计值;最后,将修正项逆米尔斯比的估计值作为工作时间方程的一个解释变量估计工作时间方程,从而修正工作时间方程估计中的样本选择偏差问题。

假定个体 i 的简化式劳动参与方程可以表示为[①]:

$$p_i^* = \alpha_1 y_i + z_i' \alpha_2 + u_i$$
$$p_i = \begin{cases} 1 \text{ if } p_i^* > 0 \\ 0 \text{ if } p_i^* \leq 0 \end{cases} \quad (3.2.1)$$

其中,p_i^* 表示不可观测的决定个体 i 是否参与的潜在变量,p_i 表示个体是否劳动参与(1 表示参与,0 表示未参与),y_i 表示个体 i 的非劳动收入,z_i 表示可观测的个体属性(包含常数项),α_1 和 α_2 表示系数,$u_i \sim N(0,1)$ 表示影响个体劳动参与的不可观测属性。个体 i 劳动参与的概率可以表示为:

$$\Pr(p_i = 1) = \Phi(\alpha_1 y_i + z_i' \alpha_2) \quad (3.2.2)$$

其中,$\Phi(\cdot)$ 表示标准正态分布的分布函数。根据简化式劳动参与方程的估计结果可以计算逆米尔斯比的估计值:

$$\hat{\lambda}_i = \frac{\phi(\hat{\alpha}_1 y_i + z_i' \hat{\alpha}_2)}{\Phi(\hat{\alpha}_1 y_i + z_i' \hat{\alpha}_2)} \quad (3.2.3)$$

其中,$\phi(\cdot)$ 表示标准正态分布的密度函数。假定工作时间方程可以表示为:

$$h_i = \theta_1 \ln w_i + \theta_2 y_i + x_i' \theta_3 + \varepsilon_i \quad (3.2.4)$$

[①] 在本章的第一节中已经对简化式劳动参与方程进行了设定,为表述的完整性,这里再次给出劳动参与方程的设定形式。需要说明的是,由于本节基于连续工作时间选择模型分析城镇居民工作时间选择行为时仍然是基于 2002 年 CHIP 数据,并且第一节的分析结果表明简化式劳动参与方程的参数估计结果并没有被拒绝,因而这里只给出了简化式劳动参与方程的参数设定形式。

其中，h_i，w_i，y_i 和 x_i 分别表示个体 i 的工作时间、工资率、非劳动收入和影响工作时间的可观测的个体属性（包含常数项），$\varepsilon_i \sim N(0, \sigma^2)$。由于只有个体参与时才能观测到其工作时间，并且影响个体劳动参与的不可观测因素可能同时影响工作时间，ε_i 和 u_i 可能是相关的。修正样本选择偏差的工作时间方程可以表示为：

$$h_i = \theta_1 \ln w_i + \theta_2 y_i + x_i' \theta_3 + \theta_4 \hat{\lambda}_i + v_i \qquad (3.2.5)$$

工作时间的工资弹性和收入弹性的估计值可以分别表示为[①]：

$$\hat{e}_w = \frac{\hat{\theta}_1}{\bar{h}}, \quad \hat{e}_y = \frac{\hat{\theta}_2 \bar{y}}{\bar{h}} \qquad (3.2.6)$$

其中，e_w 表示工作时间的工资弹性，e_y 表示工作时间的收入弹性，$\bar{h}$ 和 $\bar{y}$ 分别表示参与样本工作时间和非劳动收入的均值。

二 离散工作时间选择模型的设定

离散工作时间选择模型假定个体只能在有限的工作时间选择构成的集合中选择效用最大化的工作时间。结合成家庭的男性和女性在各自的离散工作时间选择集中选择工作时间以形成家庭工作时间选择集，效用函数由家庭净收入和夫妻双方的工作时间选择联合决定。假定个体的工资率固定，其并不取决于工作时间，从而家庭总收入唯一地取决于工作时间，家庭总收入和转移支付确定了家庭的净收入。家庭工作时间选择决策是在给定的转移支付和工资率的情况下做出的。在家庭效用最大化和效用函数非确定性的假设下，可以分析家庭做出每种工作时间选择的概率。

假定 $h = \{hf; hm\}$ 表示家庭工作时间选择集，hf 表示妻子的工作时间选择集，hm 表示丈夫的工作时间选择集，由妻子和丈夫的工作时间选择构成的家庭工作时间选择集共有 K 项。对于家庭特定的工作时间选择 $h_j (j = 1, \cdots, K)$，家庭效用函数可以表示为：

$$V_j = U(c_j, h_j, x) + \varepsilon_j \qquad (3.2.7)$$

其中，$U(\cdot)$ 表示效用的确定性成分，ε_j 表示效用的不确定性成分，

[①] 由于这里的分析所使用的是截面数据，工作时间方程采用静态设定形式，因而这里的工作时间工资弹性为补偿性工资弹性。

并且 $\varepsilon_1, \cdots, \varepsilon_K$ 之间相互独立，x 表示家庭属性向量。c_j 表示当 $h = h_j$ 时的家庭净收入（在不考虑跨期行为的情况下，家庭净收入等于家庭的消费支出），具体可以表示为：

$$c_j = wf \cdot hf_j + wm \cdot hm_j + y + T(wf, wm, h_j, y, x) \quad (3.2.8)$$

其中，wf 和 wm 分别表示妻子和丈夫工作时间大于 0 时的工资率，hf_j 和 hm_j 分别表示 $h = h_j$ 时妻子和丈夫的工作时间，y 表示家庭的非劳动收入，函数 $T(\cdot)$ 表示转移支付函数，取决于工资率、工作时间、家庭非劳动收入和家庭属性 x，其可能是非线性的。由方程（3.2.7）可以看出，任何转移支付制度对家庭净收入所产生的影响都只是家庭总收入（劳动收入和非劳动收入）加上或者是减去某一特定的数值，因而避免了连续模型中预算约束非线性或非凸性处理的复杂性。效用函数采用布伦德尔等（Blundell et al.）1999 年的研究中设定的二次多项式形式：

$$V_j = \alpha_1 c_j^2 + \alpha_2 hf_j^2 + \alpha_3 hm_j^2 + \alpha_4 c_j \cdot hf_j + \alpha_5 c_j \cdot hm_j + \alpha_6 hf_j \cdot hm_j + \beta_1 c_j + \beta_2 hf_j + \beta_3 hm_j + \varepsilon_j$$

$$(3.2.9)$$

个体属性可以通过一次项的系数加以引入：

$$\beta_s = \sum_q \beta_{sq} x_{sq} + \nu_s \quad s \in \{1, 2, 3\} \quad (3.2.10)$$

其中，x_{1q} 和 ν_1 分别表示影响家庭消费边际效用的可观测和不可观测的家庭属性，x_{2q} 和 ν_2 分别表示影响妻子工作时间边际效用的可观测和不可观测的个体属性，x_{3q} 和 ν_3 分别表示影响丈夫工作时间边际效用的可观测和不可观测的个体属性。假定 ν_s（$s = 1, 2, 3$）之间相互独立，并且分别服从均值为 0，标准差为 σ_s 的正态分布。

在假定效用的随机成分 $\varepsilon_j \sim EV(I)$ 的情况下，夫妻选择某一特定的时间组合 $h_j = [hf_j; hm_j]$ 的概率可以表示为：

$$\Pr(h = h_j \mid x, \nu) = \Pr[V_j > V_s, \forall s \neq j] = \frac{\exp(U(c_j, h_j, x, \nu))}{\sum_{k=1}^{K} \exp(U(c_k, h_k, x, \nu))}$$

$$(3.2.11)$$

其中，$\nu = (\nu_1, \nu_2, \nu_3)$。由于不可观测属性的存在，似然函数需要对不可观测成分进行积分计算获得。对于家庭 i，工作时间选择的似然可以表示为：

$$L_i = \int_\nu \frac{\exp(U(c_j,h_j,\mathrm{x},\nu))}{\sum_{k=1}^{K}\exp(U(c_k,h_k,\mathrm{x},\nu))}\phi(\nu)d\nu \qquad (3.2.12)$$

其中，$\phi(\nu)$表示ν的概率密度函数。目前为止的讨论都是假定所有个体的工资率是已知的，然而，未劳动参与个体的市场工资率是未知的，需要估计工资方程从而对未参与个体的工资率做出合理的预测。工资方程估计过程中，需要使用Heckman两阶段法修正工资方程估计过程中的样本选择偏差问题。

在实际估计过程中，使用模拟方法对积分加以处理，模拟的极大似然函数可以表示为：

$$L = \sum_{i=1}^{N}\ln L_i = \sum_{i=1}^{N}\ln \frac{1}{R}\sum_{r=1}^{R}\frac{\exp(U(c_j^r,h_j,\mathrm{x},\nu^r))}{\sum_{k=1}^{K}\exp(U(c_k^r,h_k,\mathrm{x},\nu^r))} \qquad (3.2.13)$$

其中，R表示抽样次数，ν^r表示来自$\phi(\nu)$的第r次抽样所获得的值，c_j^r为基于ν^r并且$h=h_j$时获得的家庭净劳动收入。

在获得效用函数的估计后，基于模拟方法可以计算妻子和丈夫工作时间对自身工资率、对配偶工资率和对家庭非劳动收入的反应①。由于根据估计的效用函数所计算的效用U只是总效用V的确定性成分，它并不能保证所有家庭在观测的工作时间选择处得到的总效用都是最优的，因而需要对估计所得的效用函数进行校准。从极值Ⅰ分布中随机抽取一组数值（随机数的数量等于家庭工作时间选择集中可选择时间组合的数量）作为效用的随机成分ε，将其与每个家庭工作时间组合处所获得的确定性效用进行相加得到每个家庭工作时间组合处的总效用。如果这组随机数能保证家庭在观测的工作时间选择处所得的效用是最大的，则接受其为效用的随机成分，否则需要重新抽取一组随机数，直到所抽取的随机数满足要求为止。在确定了效用的随机成分后，可以根据总效用计算家庭每个工作时间选择的概率。将妻子（丈夫）的工资率增加1%后，再次计算家庭在每个时间选择处的净收入，确定每个工作

---

① 妻子（丈夫）工作时间变动的百分比与自身工资变动百分比的比值称为工作时间的自身工资弹性，与配偶工资变动百分比的比值称为工作时间的交叉工资弹性。

时间选择处效用的确定成分，其与随机效用成分相加得到每个时间选择的总效用，进而确定妻子（丈夫）工资增加后选择每个工作时间组合的概率。家庭每个工作时间选择的概率可以表示为：

$$\Pr(h = h_j \mid x) = \frac{1}{R} \sum_{r=1}^{R} \frac{\exp(U(c_j^r, h_j, x, \nu^r) + \varepsilon_j^r)}{\sum_{k=1}^{K} \exp(U(c_k^r; h_k, x, \nu^r) + \varepsilon_k^r)} \quad (3.2.14)$$

其中，ε^r 是与 ν 的第 r 次抽样所得确定效用相对应的随机效用成分。在获得了家庭每个工作时间选择的概率后，可以计算家庭中妻子（丈夫）工资增加前后工作时间期望，工作时间期望的可以表示为：

$$E(h_s \mid x) = \sum_{j=1}^{K} \Pr(h = h_j \mid x) \cdot h_{js} \quad (3.2.15)$$

其中，s 表示妻子或丈夫，h_{js} 表示家庭工作时间选择为 h_j 时妻子（或丈夫）的工作时间，妻子（或丈夫）工作时间自身工资弹性 e_{hs} 可以表示为：

$$e_{hs} = \frac{[E(h_s \mid x)]_a - [E(h_s \mid x)]_b}{[E(h_s \mid x)]_b} \cdot \frac{1}{0.01} \quad (3.2.16)$$

其中，$[E(h_s \mid x)]_b$ 和 $[E(h_s \mid x)]_a$ 分别为工资率增加前后妻子（或丈夫）工作时间的期望。依据同样的方法，可以计算妻子（丈夫）工资率增加1%，丈夫（妻子）工作时间变动的百分比，进而求得丈夫工作时间的交叉工资弹性；可以计算家庭非劳动收入增加1%，妻子（丈夫）工作时间变动的百分比，进而求得妻子（丈夫）工作时间的家庭非劳动收入弹性；可以计算家庭非劳动收入和妻子（丈夫）工资率同时增加1%，丈夫（妻子）工作时间增加的百分比，进而求得丈夫（妻子）工作时间的收入弹性。最后需要说明的是在使用模拟方法计算工作时间弹性时，弹性的大小取决于工作时间的离散化程度和工资率的增长幅度。

三 城镇居民工作时间选择行为的统计描述和回归分析

（一）基于连续工作时间选择模型的分析

基于连续工作时间选择模型分析城镇居民工作时间行选择行为，依然用2002年CHIP城镇调查数据，样本的选取过程和第一节分析城镇居民劳动参与行为时的样本选取过程相同，简化式劳动参与方程的估计结果参见第一节，这里不再重复叙述。2002年的CHIP对个体在调查时点前一年的工作月数，每月的平均工作周数和每周的平均工作小时数进行了调查，在假定个体一月工作4.5周的情况，可以得到个体的年工作时间，因而将年工作时间作为工作时间方程的因变量。工作时间方程的解释变量除选取工资率外，还包含了年龄、受教育年限、健康、工作经验、户主身份、学龄前孩子和非劳动收入。年龄反映了工作时间选择的生命周期形式；受教育年限、健康和工作经验反映了人力资本水平对工作时间的影响；户主身份、学龄前孩子和非劳动收入反映了家庭情况对工作时间的影响。由于工作时间会受到需求方的限制，因而在工作时间方程中包括了个体的职业性质变量；最后，考虑到工作时间的地区差异，工作时间方程中包括了代表东、中、西部的地区代理变量。

在工作时间方程的估计中，需要考虑工资率的内生性问题。福廷和拉克鲁瓦（Fortin & LaCroix）在1997年的研究认为工资率内生的原因可以分为理论和度量两方面。理论上，工资率和工作时间可能同时受到不可观测个体属性的影响，比如，动机（motivation）和上进心（ambition）等，这些特征可能同时体现在工资方程和工作时间方程的随机扰动项上，因而工资方程和工作时间方程的随机扰动项可能是相关的；度量上，工资率通常是由年收入除以年工作时间得到，任何工作时间的度量误差都会体现到工资率上，从而导致工资率和工作时间方程随机扰动项是相关的。解决解释变量内生性问题的基本方法是2SLS估计法，因此需要对工资率选取恰当的工具变量。选取工具变量的基本要求是工具变量与内生的解释变量相关而与因变量不相关。按照传统工作时间方程估计中工具变量的选取方法，首先，选取教育的平方和工作经验的平方作为工资率可能的工具变量；其次，选取了反映个人能力和家庭教育背景的变量，反映个人能力的变量包括重点中学、大学录取和中学成绩（代理变量），家庭教育背景的变量包括父亲大学毕业和母亲大学毕业（代理变量）；最后，考虑到个体的收入通常具有持续性，同时由于调查中提供了个体在2000年和2001年的收入信息，工资率的工具变量还包括了个体在2000年和2001年的收入变量。表3.2.1给出了工作时间方程估计中所使用变量的统计描述。

表 3.2.1　　　　　　　　　变量的统计描述

变量	女性	男性	变量	女性	男性
工作时间	2206（651）	2291（633）	重点中学	0.24（0.43）	0.27（0.44）
工资率对数	1.39（0.77）	1.63（0.68）	大学录取	0.10（0.30）	0.15（0.36）
年龄	40.90（6.75）	42.93（6.91）	中学成绩	0.42（0.49）	0.45（0.50）
受教育年限	10.80（2.96）	11.34（3.07）	父亲大学毕业	0.03（0.18）	0.04（0.21）
工作经验	20.06（7.65）	22.71（7.77）	母亲大学毕业	0.02（0.15）	0.02（0.14）
健康	0.95（0.22）	0.96（0.91）	固定职工	0.70（0.46）	0.79（0.41）
户主	0.32（0.47）	0.68（0.47）	短期或无合同工	0.20（0.40）	0.13（0.33）
学龄前孩子	0.12（0.33）	0.12（0.33）	个体经营或其他	0.09（0.29）	0.08（0.28）
非劳动收入	15401（11034）	11598（10073）	东部	0.35（0.48）	0.35（0.48）
2000年收入	7825（6551）	11130（8225）	中部	0.36（0.48）	0.36（0.48）
2001年收入	8443（7789）	11976（9071）	西部	0.28（0.45）	0.28（0.45）

注：女性和男性全部样本数均为4029，其中，女性参与样本数为3358，男性参与样本数为3820。工作时间、工资率对数、人力资本中的工作经验、个人能力、教育背景和职业性质各变量是针对参与样本的统计。工资率由年工薪收入除以年工作时间得到，年龄、受教育年限、工作经验的单位为年，非劳动收入包括家庭其他成员的劳动收入和家庭的非劳动收入。人力资本中健康、家庭情况中的户主、学龄前孩子、表示个人能力的各变量、表示家庭教育背景的各变量、表示职业性质的各变量和表示地区经济环境差异中的东部、中部和西部均为取值为0或1的代理变量。如果个体健康、高中毕业并且毕业于重点中学，中学时的成绩为最高的20%或者是中等偏上的20%、上大学是通过全国统一高考录取、父亲大学毕业、母亲大学毕业，职业性质为三种职业性质的某一种，处于东、中、西地区的某一地区，则相应代理变量取值为1，否则取值为0。（　）内为标准差，下同。

表3.2.2给出了参与样本工作时间、工资率对数和非劳动收入的统计描述以及工作时间与工资率对数和非劳动收入的相关性。从表3.2.2的结果可以看出，男性的年工作时间要略高于女性的年工作时间，工资率也要高于女性的工资率，从而男性的年收入要大于女性的年收入，非劳动收入要小于女性的非劳动收入。无论男性还是女性，工作时间与工资率和非劳动收入均呈显著的负相关性。从统计上看，工资率增加对工作时间所产生的收入效应要大于替代效应从而使工作时间减少，而非劳动收入的增加所产生的收入效应使工作时间减少。然而，统计描述给出的是没有控制其他因素对工作时间影响情形下的结果，同时，没有考虑

工资率的内生性问题,因而所得结论是不可靠的,需要进一步进行回归分析确定工资率和非劳动收入对工作时间的影响。

表 3.2.2　　工作时间与工资率对数、非劳动收入的统计相关性

性　别	工作时间	工资率对数	非劳动收入	ρ_1	ρ_2
女　性	2206（651）	1.39（0.77）	15487（11365）	-0.4380***	-0.0857***
男　性	2291（633）	1.63（0.68）	11594（10061）	-0.4728***	-0.0850***

注:ρ_1 表示工作时间与工资率对数的相关系数,ρ_2 表示工作时间与非劳动收入的相关系数。这里的非劳动收入为参与个体的非劳动收入,因而与表 3.2.1 给出的非劳动收入的统计结果不同。

表 3.2.3 给出了女性和男性工作时间方程的估计结果。考虑工资率内生性的 2SLS 估计结果与最小二乘估计结果存在较大差别,其中最明显的差异在于两种方法下工资率和非劳动收入对工作时间的影响呈相反趋势。过度识别约束检验的结果表明工具变量的选取是恰当的,内生性检验的结果拒绝了工资率外生的假设,因而 2SLS 所得估计结果更为可靠。另外,女性和男性工作时间方程中的逆米尔斯比均不显著,说明工作时间方程估计中的样本选择偏差问题并不显著。从工作时间方程的 2SLS 估计结果来看,工资率对女性和男性的工作时间都具有正向影响,说明工资率增加所产生的替代效应要大于收入效应;非劳动收入的增加对女性和男性的工作时间都具有负向影响,与收入效应为负的理论预期相符;年龄并没有影响女性和男性的工作时间;人力资本中的受教育年限和工作经验降低了女性和男性的工作时间,可能是因为知识水平和技能水平较高的个体处理工作中的事务会更为容易,因而需要较少的工作时间;职业性质为短期或无合同工和个体经营或其他的女性的工作时间要大于职业性质为固定职工的女性,男性的工作时间也表现出相同的趋势,说明需求因素对工作时间具有显著的影响,非正规就业者的工作时间要大于正规就业者的工作时间;家庭因素中的户主和学龄前孩子并不显著影响女性和男性的工作时间,说明个体一旦就业,其工作时间受家庭因素影响较小;中部和西部女性的工作时间要高于东部地区女性的工作时间,尽管中部地区变量的系数估计值并不显著。

表 3.2.3　　　　　　　　　　工作时间方程的估计结果

解释变量	女 性		男 性	
变　量	OLS	2SLS	OLS	2SLS
工资率对数	-344.44***	85.82**	-422.13***	65.55**
非劳动收入	47.77***	-36.88***	56.95***	-26.95***
年　龄	-0.19	6.58	5.62**	4.67
受教育年限	8.04	-14.99**	0.63	-20.39***
经　验	-1.46	-8.75***	-1.50	-5.90*
健　康	-14.17	15.56	-33.77	-17.10
固定职工				
短期或无合同工	-54.57**	133.10***	138.01***	293.29***
个体经营或其他	655.34***	933.57***	667.62***	895.90***
户　主	55.72***	-38.09	55.24***	32.58
学龄前孩子	-22.38	20.48	52.10*	47.59
东　部				
中　部	-87.85**	35.86	-62.40***	45.06
西　部	25.86	91.75***	-48.47**	61.99**
逆米尔斯比	24.05	45.89	-501.47*	-39.99
常数项	2511.10***	2053.22***	2698.68***	2228.44***
Adjust R^2	0.2858	0.1237	0.3209	0.1330
过度识别约束检验	Score χ^2 (10) = 8.83　P = 0.2653		Score χ^2 (10) = 4.94　P = 0.6672	
内生性检验	Score χ^2 (2) = 132.79　P = 0.0000		Score χ^2 (2) = 131.94　P = 0.0000	

注：为使非劳动收入变量的系数估计值与其他变量的系数估计值在数量级上不存在较大差异，在回归中将非劳动收入变量除以 10000。*、** 和 *** 分别表示在 10%、5% 和 1% 水平下显著，下同。

最后，基于女性和男性工作时间方程的估计结果，依据式（3.2.6）可以估算女性和男性工作时间的工资弹性分别为 0.0389 和 0.0286，工作时间的收入弹性分别为 -0.0253 和 -0.0137。Li 和 Zax（2003）基于 1995 年的 CHIP 数据得到女性和男性工作时间的工资弹性分别为 0.060 和 0.052，收入弹性分别为 -0.03 和 -0.03，但他们分析所选取的样本包含了所有已婚和未婚女性、所有已婚和未婚男性。考虑到单身女性和男性工作时间选择可能更加具有灵活性，如果只是将分析样本限制在已婚个体，那么本节所得到的工作时间弹性值与李和杰克斯（2003）所得弹性值可能是较为接近的。由经验结果可以发现,女性和男性自身工资弹性均要大于收入弹性;女性工作时间的工资弹性大于男性工作时间工资弹性,收入弹性也要大于男性的收入弹性;然而,无论女性还是男性,工资弹性和收入弹性值均较小,说明城镇居民年工作时间受工资和收入变动的影响较小。此外,与1995年城镇居民较小的工作时间弹性相比,2002年城镇居民工作时间弹性仍然很小的事实说明,1995—2002年间中国城镇居民工作时间选择行为并没有发生明显的改变。

(二)基于离散工作时间选择模型的分析

在基于离散工作时间选择模型分析城镇居民的工作时间选择行为时,采用的数据来自于2006年国家统计局东北三省劳动力调查城镇部分数据。该调查分别对辽宁、吉林和黑龙江三省的城镇劳动力进行了抽样调查,调查内容主要包括人口的基本信息、就业和收入等情况。将样本的范围限定为结合成家庭并且夫妻双方均小于60岁的劳动年龄人口,并从样本中删除了丈夫或者妻子为离休、退休、提前退休或丧失劳动能力的家庭,最后得到5420个家庭样本。2006年东北三省劳动力调查数据对个体在调查时点前一周的工作小时数进行了调查,因而本节分析将采用周工作时间进行。

表3.2.4给出了女性和男性各变量的统计描述。可以看出在工作样本中男性的平均工作时间和平均工资率要分别大于女性的平均工作时间和平均工资率,从而男性的平均月工资收入也要大于女性的平均月工资收入。男性平均周工作时间比女性多1.91小时,平均工资率比女性高0.57元,平均月工资收入比女性高149.02元。男性的平均年龄和平均受教育年限均高于女性。男性户主家庭样本占所有家庭样本的绝大多数,比例高达92%。

表3.2.4　　　　　　　　样本的统计描述

个体属性	女　性	男　性	个体属性	女　性	男　性
周工作时间	44.06(8.84)	45.97(10.54)	户　主	0.08(0.27)	0.92(0.27)
工资率	5.16(3.12)	5.73(3.39)	辽　宁	0.37(0.48)	0.37(0.48)
月工资收入	971.04(509.82)	1120.06(596.84)	吉　林	0.29(0.45)	0.29(0.45)

续表

个体属性	女 性	男 性	个体属性	女 性	男 性
年 龄	39.84 (7.14)	41.40 (7.10)	黑龙江	0.34 (0.47)	0.34 (0.47)
受教育年限	11.58 (2.83)	12.03 (2.79)	样本数	5024	5024

注：周工作时间、工资率和月工资收入是针对工作样本进行的统计，工资率由月工资收入除以工作时间再除以4.5得到，其他变量是针对所有样本的统计。年龄和受教育年限的单位为年，户主、辽宁、吉林和黑龙江是取值0或1的代理变量，如果个体为户主、处于三个省份之一，相应代理变量的取值为1。由于调查中的收入只询问了被调查对象上个月的收入为多少，无法获得个体或者家庭所获得的社会保险以及社会补贴等详细信息，因而将调查所获得的收入视为净收入，在分析中没有考虑税收和转移支付制度的影响，即在效用函数中忽略了$T(\cdot)$。由于调查数据只包含了劳动年龄人口的信息，并没有包括详细的家庭信息，无法获得家庭非劳动收入和关于孩子的具体信息，因而分析中没有考虑家庭非劳动收入和学龄前孩子的影响。

依据工作时间的分布，将女性和男性的工作时间选择集分别离散为式（3.2.17）所示的形式。其中，h表示女性或男性实际的工作时间，s表示女性或男性。由于女性和男性的工作时间集中均包括5个时间选择，因而由女性和男性组成的家庭工作时间选择集中包括25个选择。

$$h_s = \begin{cases} 0 & \text{if } h \geq 0 \text{ and } h < 10 \\ 20 & \text{if } h \geq 10 \text{ and } h < 30 \\ 40 & \text{if } h \geq 30 \text{ and } h < 45 \\ 50 & \text{if } h \geq 45 \text{ and } h < 60 \\ 70 & \text{if } h \geq 60 \end{cases} \quad (3.2.17)$$

根据劳动供给理论和所使用的数据特征，在估计工资方程的过程中，选择方程的解释变量包含了年龄、受教育年限、是否为户主、非劳动收入（配偶收入）和地区代理变量，分别反映了生命周期特征、人力资本水平、家庭情况和地区经济环境差异对个体劳动参与的影响；工资方程的解释包含了年龄、受教育年限和地区代理变量，年龄在一定程度上可以代表工作经验，反映了技能水平对个体工资率的影响，受教育年限反映了知识水平对个体工资率的影响，地区代理变量则反映了地区经济环境差异对个体工资率的影响。

表3.2.5给出了女性和男性工资方程的估计结果。可以发现无论女性工资方程还是男性工资方程，逆米尔斯比的系数都在5%的水平下显

著,说明修正工资方程的样本选择偏差问题是必要的。选择方程(简化式劳动参与方程)的估计结果表明,随着年龄的增长,男性劳动参与概率呈递减趋势,女性劳动参与概率先增加后减少,呈倒 U 趋势,拐点出现在 39 岁左右;受教育年限对男性和女性劳动参与概率均具有正向影响;户主身份增加了劳动参与的概率,说明户主在家庭生活中承担较大责任;非劳动收入对女性劳动参与概率具有负向影响,而对男性劳动参与概率没有影响;在其他个体特征相同的情况下,吉林和黑龙江地区个体劳动参与的概率要小于辽宁地区个体劳动参与的概率。工资方程的估计结果表明,随着年龄的增加,女性和男性的工资率均呈现倒 U 趋势,女性拐点出现在 53 岁左右,男性拐点出现在 44 岁左右;受教育年限的增加将会增加男性和女性的工资率;在其他个体特征相同的情况下,吉林和黑龙江地区个体的工资率要低于辽宁地区个体的工资率,这与区域经济发展水平是一致的。

表 3.2.5　　　　　　　　工资方程的估计结果

解释变量	女 性 工资方程	女 性 选择方程	男 性 工资方程	男 性 选择方程
年　龄	0.2584 *	1.0347 ***	0.2550 **	-0.3140 ***
年龄平方	-0.0243 *	-0.1325 ***	-0.0288 **	
受教育年限	0.7921 ***	1.2101 ***	0.5687 ***	0.5829 ***
户　主		0.1656 **		0.2913 ***
非劳动收入		-0.0213 **		-0.0134
辽　宁				
吉　林	-0.0488 **	-0.2647 ***	-0.1835 ***	-0.3422 ***
黑龙江	-0.1972 ***	-0.2668 ***	-0.2626 ***	-0.2143 ***
常数项	-1.2474 ***	-4.3674 ***	-0.3233 *	0.9191 ***
逆米尔斯比	-0.2791 **		-0.4043 **	
Pseudo R^2		0.1790		0.0865
Wald χ^2	1228.02		1140.77	

注:为使方程中各变量系数估计值的结果在数量级上不存在较大差异,将年龄、受教育年限和非劳动收入做了相应处理,年龄等于实际年龄除以 10,受教育年限等于实际受教育年限除以 5,非劳动收入等于实际非劳动收入除以 100。在男性选择方程中,当加入年龄平方项后,一次项和二次项的系数均不显著,去掉二次项后,一次项的系数显著为负,说明年龄对男性劳动参与概率并无二次效应。

根据所使用数据的特征、消费理论和劳动供给理论,效用函数收入一次项前表示家庭属性异质性的变量包含了家庭中妻子的年龄和受教育年限、丈夫的年龄和受教育年限、丈夫是否为户主以及家庭所属地区代理变量,这些变量分别反映了家庭的年龄构成、知识水平、户主特征和地区经济差异对家庭边际消费倾向的影响;妻子工作时间一次项前表示妻子属性异质性的变量包含了妻子的年龄、受教育年限、是否为户主以及家庭所属地区代理变量,分别反映了生命周期特征、人力资本水平、家庭责任和地区经济差异对妻子工作时间选择行为的影响;同理,丈夫工作时间一次项前表示丈夫属性异质性的变量包含了丈夫的年龄、受教育年限、是否为户主以及家庭所属地区代理变量。

表3.2.6给出了效用函数的估计结果。由收入一次项前表示家庭属性异质性变量系数估计值的显著性水平可以发现,家庭边际消费倾向随着妻子的年龄和丈夫受教育年限的增加呈递增趋势,丈夫是户主将降低家庭的边际消费倾向,而妻子受教育年限和丈夫的年龄对家庭的边际消费倾向没有影响,吉林地区家庭的边际消费倾向要高于辽宁和黑龙江地区。由妻子工作时间一次项前表示妻子个体属性异质性变量系数估计值的显著性水平可以发现,妻子的工作时间随着年龄的增加呈递减趋势,随受教育年限的增加呈递增趋势,妻子户主身份对妻子工作时间没有影响,吉林和黑龙江地区妻子工作时间要低于辽宁地区。由丈夫工作时间一次项前表示丈夫个体属性异质性变量的系数估计值的显著性水平可以发现,丈夫工作时间随年龄的增加呈递减趋势,户主身份将增加丈夫的工作时间,受教育年限对丈夫工作时间没有影响,吉林和黑龙江地区丈夫的工作时间要低于辽宁地区。由 σ_2 和 σ_3 的显著性水平可以发现妻子和丈夫的工作时间均存在不可观测的个体异质性。

表3.2.6 效用函数的估计结果

解释变量	系数估计值	解释变量	系数估计值
收入平方	0.0118	妻子工作时间	-1.1958***
妻子工作时间平方	-0.0078**	妻子工作时间*妻子年龄	-0.0188**
丈夫工作时间平方	-0.0442***	妻子工作时间*妻子教育	0.3363***
妻子工作时间*丈夫工作时间	0.1416***	妻子工作时间*妻子户主	-0.0589

续表

解释变量	系数估计值	解释变量	系数估计值
收入*妻子工作时间	-0.2128***	妻子工作时间*吉林	-0.2362***
收入*丈夫工作时间	-0.3505***	妻子工作时间*黑龙江	-0.1521***
收入	1.8982***	σ_2	0.0732***
收入*妻子年龄	0.1896**	丈夫工作时间	0.6898***
收入*妻子教育	-0.0185	丈夫工作时间*丈夫年龄	-0.1443***
收入*丈夫年龄	-0.0716	丈夫工作时间*丈夫教育	0.0241
收入*丈夫教育	0.3578***	丈夫工作时间*丈夫户主	0.1114**
收入*丈夫户主	-0.4239***	丈夫工作时间*吉林	-0.2283***
收入*吉林	0.7519***	丈夫工作时间*黑龙江	-0.0725***
收入*黑龙江	0.1813	σ_3	0.0473**
σ_1	趋近于0	平均对数似然值	-2.1982

注：在求解似然函数最大值的过程中，抽样次数 R 确定为30次，同时为保证 σ_i ($i=1,2,3$) 的估计值非负，对 σ_i 进行了取对数处理。当程序反复迭代趋近于最大值时，似然函数并不收敛，检查迭代结果发现，$\ln(\sigma_1)$ 的值约为 -45，σ_1 趋近于零。在迭代过程中去掉 $\ln(\sigma_1)$ 后，似然函数迅速收敛，因此，认为边际消费倾向不存在不可观测的异质性。

表3.2.7给出了女性和男性工资率增加1%和10%的情况下，女性和男性工作时间的变动的百分比。可以发现工资率增加1%与工资率增加10%所得到的结果并无明显差异。这里着重介绍工资率增加1%所得到的结果。女性工资率增加1%的情形下，女性工作时间增加0.1568%，男性工作时间减少0.0123%，因此，女性工资时间自身工资弹性约为0.1568，男性工作时间的收入弹性约为 -0.0123[①]。男性工资增加1%的情形下，男性工作时间减少0.0229%，女性工作时间减少0.0530%，因此，男性工作时间自身工资弹性约为 -0.0229，女性工作时间的收入弹性约为 -0.0530，女性工作时间对于工资率和非劳动收入的反应要大于男性工作时间对于工资率和非劳动收入的反应。

[①] 由于本章的分析没有考虑家庭的非劳动收入，因而交叉工资弹性近似等于非劳动收入弹性。

表 3.2.7　工资率增加 1% 和 10% 情况下女性和男性的工作时间的变动的百分比　　单位:%

工资增加	增加 1% 女性	增加 1% 男性	增加 10% 女性	增加 10% 男性
女性工资增加	0.1568	-0.0123	0.1596	-0.0133
男性工资增加	-0.0530	-0.0229	-0.0539	-0.0238

四　本节结论

本部分使用连续工作时间选择模型和离散工作时间选择模型分别对城镇居民的工作时间选择行为进行了分析。基于 2002 年 CHIP 城镇部分的调查数据使用连续工作时间选择模型得到城镇居民女性工作时间的工资弹性和收入弹性分别约为 0.0389 和 -0.0253，男性工作时间的工资弹性和收入弹性分别约为 0.0286 和 -0.0137，女性工作时间对工资率和非劳动收入的反应分别略大于男性工作时间对工资率和非劳动收入的反应。然而，无论女性还是男性，工作时间对于工资率和收入的反应都很小。基于 2006 年东北三省劳动力调查数据使用离散工作时间选择模型得到城镇居民女性工作时间的工资弹性约为 0.1568，收入弹性约为 -0.0530，男性工作时间的工资弹性约为 -0.0229，收入弹性约为 -0.0123。

将 2006 年城镇居民工作时间弹性与 2002 年城镇居民工作时间弹性相比较可以发现，男性工作时间对工资率和非劳动收入的反应始终很小，说明男性一旦劳动参与，其工作时间选择具有相对刚性，不易受到外部因素的影响，这可能是因为男性家庭生产率较低，因而劳动力市场的依附性较强，主要是通过工作赚取收入进而改善家庭的总效用；2006 年女性工作时间对于工资率和非劳动收入的反应要大于 2002 年，这说明女性工作时间的选择具有了一定程度的灵活性，可以自主地将其可支配的总时间在工作时间和家庭劳动时间上做出合理的分配。然而，对两种经验分析所得结果进行比较分析时需要谨慎，因为这两种经验分析所使用的方法、数据集以及变量的选取是不同的。迄今为止，国外学者进行了大量的经验研究试图准确确定工作时间的工资弹性和收入弹性，遗憾的是，这几乎成为了不可能完成的任务，但国外学者从众多的经验分析结果中还是达成了一定的共识，即劳动参与比工作时间反应敏感，女性劳动供给行为比男性劳动供给行为反应敏感（布伦德尔和麦柯迪，1999）。结合本章第一节和第二节的分析结果可以发现，这一经验性共识在中国城镇劳动力市场上同样成立。

第三节 城镇居民就业的性别差异及区域比较

第一节和第二节关注于城镇居民的劳动参与和工作时间选择行为，属于供给方分析，这部分在考虑了劳动力市场的需求方的因素后，将分析的焦点转向劳动者的劳动力市场表现的最终状态，即就业的分析中，重点关注于城镇居民就业的性别差异，分析劳动力市场所存在的就业性别歧视现象。歧视是劳动力市场上存在的世界性难题，它的存在降低了劳动力市场效率，阻碍了劳动力资源最大限度地发挥，因此一直都是劳动经济学研究的热点问题。性别歧视是普遍存在的一种歧视现象，它可以体现在就业的不同阶段，比如就业机会歧视、就业后工资收入的歧视、晋升过程中的歧视等。在计划经济时期，国家对城镇劳动力的就业和工资实行统一的计划管理，性别歧视是不存在的，然而随着中国经济的转型和劳动力市场改革的深化，城镇劳动力在就业机会、工资收入等一系列劳动力市场表现中都产生了差异，性别歧视问题逐渐受到了众多学者的关注。

对于中国劳动力市场中性别歧视的定量研究主要集中于工资收入方面，比如孟（Meng）1998年的研究、王美艳2005年的研究、李春玲和李实2008年的研究、葛玉好和曾湘泉2011年的研究等，这些研究都是以奥卡西卡（Oaxaca）1973年和布兰德尔（Blinder）1973年几乎同时从条件均值的角度提出的歧视度量方法（常称为 Oaxaca - Blinder 分解方法或 OB 方法）为基础，所得结论多为中国劳动力市场上存在着对女性的工资歧视。工资是个体就业后的劳动价值体现，工资的性别歧视也只反映了劳动力市场对女性就业后的歧视，性别歧视的另外一个重要方面是就业的性别歧视，它反映了劳动力市场对女性就业前的歧视。然而，由于研究方法和研究数据的限制，关于就业性别歧视的量化研究还较为缺乏，这使我们无法全面系统地认识中国劳动力市场上的性别歧视现象。

OB 方法以线性回归模型为基础，哥穆尔卡和斯坦恩（Gomulka & Stern）在 1990 年将 OB 方法拓展到了受限因变量模型中的 Probit 模型，尼尔森（Nielsen）在 1998 年则将 OB 方法拓展到了受限因变量模型中的 logit 模型。费尔利（Fairlie）在 2006 年对基于二元离散选择模型的分解方法进行了系统研究，拓展了其应用范围。离散选择模型分解方法的发展为就业性别差异的研究提供了基础，为度量就业性别歧视程度提供了可能。基于离散选择模型分解方法，国外许多学者对就业歧视问题进行了分析，比如，莫汉蒂（Mohanty）在 1998 年分析了美国就业的性别歧视；利瓦诺斯、亚尔金和努涅兹（Livanos，Yalkin & Nuñez）2009 年对希腊和英国的就业性别歧视进行了对比分析。对于中国劳动力市场中的就业性别歧视问题目前主要集中于定性研究上，比如，张时飞和唐钧（2010）通过对调查问卷进行分析得出了中国存在就业歧视的基本判断，而对于该问题的定量刻画尚较为鲜见。

城镇居民就业的性别差异中，多大程度是由包括人力资本在内的个人特征差异可以解释的，多大程度是由歧视所产生的？从已有的对中国城镇劳动力市场就业性别歧视的研究中并不能得出准确的答案。此外，就业的性别歧视与经济发展水平是否具有一定的关系，东部、中部和西部地区的就业性别歧视程度是否存在差异？对这些问题的回答不仅能够加深我们对城镇劳动力市场运行规律的理解，并且能够为设计和评价劳动力市场制度提供借鉴。基于以上分析，本节采用费尔利（2006）的二元离散选择模型分解方法对城镇劳动力市场中的就业性别差异进行分析，度量就业性别歧视的程度，为消除歧视的公共政策设计和实施给出实证证据。本节第一部分阐述分析方法，第二部分对所使用的数据进行统计描述，第三部分对分析结果进行论述，最后给出研究结论。

一 模型的构建与分解方法

假定决定个体 i 是否就业的潜在因素 p_i^j 线性可加地取决于观测因素 X_i^j 和不可观测因素 ε_i^j，其中，j 标识个体 i 的性别，当个体 i 为男性时 $j = M$，当个体 i 为女性时 $j = F$，在这种情况下，个体 i 就业的概率可以表示为：

$$p_i^j = X_i^j \beta^j + \varepsilon_i^j$$

$$y_i^j = \begin{cases} 1 & p_i^j > 0 \\ 0 & p_i^j \leq 0 \end{cases} \tag{3.3.1}$$

$$\Pr(y_i^j = 1) = \Pr(X_i^j \beta^j + \varepsilon_i^j > 0) = F(X_i^j \beta^j)$$

其中，β^j 为可观测因素的系数，y_i^j 为标识个体 i 是否就业的二元变量，当个体 i 就业时取值为 1，否则取值为 0。式（3.3.1）为就业方程，是典型的二元离散选择模型，如果 $F(\cdot)$ 表示逻辑分布的累积分布函数，式（3.3.1）为 logit 模型，如果 $F(\cdot)$ 表示标准正态分布的累积分布函数，式（3.3.1）为 Probit 模型。

根据费尔利（2006）的思想，男性和女性两个组别间就业比例差异分解的表达式为：

$$\bar{y}^M - \bar{y}^F = \underbrace{\sum_{i=1}^{N^M} \frac{F(X_i^M \hat{\beta}^M)}{N^M} - \sum_{i=1}^{N^F} \frac{F(X_i^F \hat{\beta}^M)}{N^F}}_{\hat{D}} + \underbrace{\sum_{i=1}^{N^F} \frac{F(X_i^F \hat{\beta}^M)}{N^F} - \sum_{i=1}^{N^F} \frac{F(X_i^F \hat{\beta}^F)}{N^F}}_{\hat{S}} \tag{3.3.2}$$

其中，$\hat{\beta}^j$ 表示式（3.3.1）中 β^j 的估计值，N^j 表示组别 j 的样本数量。式（3.3.2）中的第一项 $\hat{D}$ 是由男性和女性可观测因素的差异所产生的就业比例差异，称为可解释部分，第二项 $\hat{S}$ 是由回归方程的系数差异所产生的就业比例差异，称为不可解释部分。

式（3.3.2）的分解是采用男性就业方程的系数估计值 $\hat{\beta}^M$ 和女性样本的可观测因素 X^F 作为第一项和第二项的权重，当采用女性就业方程的系数估计值 $\hat{\beta}^F$ 和男性样本的可观测因素 X^M 分别作为第一项和第二项的权重时，可以得到分解的另一种表达式：

$$\bar{y}^M - \bar{y}^F = \underbrace{\sum_{i=1}^{N^M} \frac{F(X_i^M \hat{\beta}^F)}{N^M} - \sum_{i=1}^{N^F} \frac{F(X_i^F \hat{\beta}^F)}{N^F}}_{\hat{D}} + \underbrace{\sum_{i=1}^{N^M} \frac{F(X_i^M \hat{\beta}^M)}{N^M} - \sum_{i=1}^{N^M} \frac{F(X_i^M \hat{\beta}^F)}{N^M}}_{\hat{S}} \tag{3.3.3}$$

式（3.3.2）和式（3.3.3）的分解会得到不同的结果，这与基于线性回归模型的 OB 分解遇到的问题相似。奥卡西卡和兰塞姆（Oaxaca & Ransom）1994 年的研究建议采用男性和女性合并样本回归的系数估计值 $\hat{\beta}^*$ 作为可解释部分的权重，这种情况下得到分解的表达式为：

$$\bar{y}^M - \bar{y}^F = \underbrace{\sum_{i=1}^{N^M} \frac{F(X_i^M \hat{\beta}^*)}{N^M} - \sum_{i=1}^{N^F} \frac{F(X_i^F \hat{\beta}^*)}{N^F}}_{\hat{D}} +$$

$$\underbrace{\sum_{i=1}^{N^M} \frac{F(X_i^M \hat{\beta}^M)}{N^M} - \sum_{i=1}^{N^M} \frac{F(X_i^M \hat{\beta}^*)}{N^M}}_{\hat{S}_1} + \quad (3.3.4)$$

$$\underbrace{\sum_{i=1}^{N^F} \frac{F(X_i^F \hat{\beta}^*)}{N^F} - \sum_{i=1}^{N^F} \frac{F(X_i^F \hat{\beta}^F)}{N^F}}_{\hat{S}_2}$$

其中，$\hat{S}_1$ 与 $\hat{S}_2$ 的和为不可解释部分①。在实际应用中，通常无法确定采用 $\hat{\beta}^M$、$\hat{\beta}^F$ 和 $\hat{\beta}^*$ 的哪一项作为可解释部分的权重更为合理，因此将分别给出由式（3.3.2）、式（3.3.3）和式（3.3.4）得到的分解结果。

将男性和女性的就业比例差异分解成可解释部分和不可解释部分后，根据费尔利（2006）的方法可以进一步对可解释部分加以分解，确定每个可观测因素的性别差异对就业比例差异的贡献。为阐述方便，假定男性组和女性组的样本数量相同，即 $N^M = N^F$，并且方程中只有两个可观测因素，即 $X_i = (1\ x_{1i}\ x_{2i})$，依据 $\hat{\beta}^*$ 对男性组和女性组中每个个体的就业概率进行预测②，并分别对男性组和女性组按照预测的就业概率进行排序，再将男性组和女性组中处于相同排序位置上的个体进行一对一的匹配，假定在第 i 个排序位置上男性的可观测因素为 $(1\ x_{1i}^M\ x_{2i}^M)$，女性的可观测因素为 $(1\ x_{1i}^F\ x_{2i}^F)$，可以得到第 i 个排序位置上男性和女性就业概率的差异为：

---

① 根据奥卡西卡和兰塞姆（1994），可以将 $\hat{S}_1$ 解释为男性由于歧视所获得的就业优势，$\hat{S}_2$ 解释为女性由于歧视所获得的就业劣势。

② 这意味着对式（3.3.4）得到的 $\hat{D}$ 进一步加以分解，当对式（3.3.2）和式（3.3.3）得到的 $\hat{D}$ 进一步加以分解时，则应当分别采用 $\hat{\beta}^M$ 和 $\hat{\beta}^F$ 进行就业概率的预测。

$$\hat{D}_i = F(\hat{\beta}_0^* + x_{1i}^M\hat{\beta}_1^* + x_{2i}^M\hat{\beta}_2^*) - F(\hat{\beta}_0^* + x_{1i}^F\hat{\beta}_1^* + x_{2i}^F\hat{\beta}_2^*)$$

$$= \underbrace{F(\hat{\beta}_0^* + x_{1i}^M\hat{\beta}_1^* + x_{2i}^M\hat{\beta}_2^*) - F(\hat{\beta}_0^* + x_{1i}^F\hat{\beta}_1^* + x_{2i}^M\hat{\beta}_2^*)}_{\hat{D}_{1i}} +$$

$$\underbrace{F(\hat{\beta}_0^* + x_{1i}^F\hat{\beta}_1^* + x_{2i}^M\hat{\beta}_2^*) - F(\hat{\beta}_0^* + x_{1i}^F\hat{\beta}_1^* + x_{2i}^F\hat{\beta}_2^*)}_{\hat{D}_{2i}}$$

(3.3.5)

其中，$\hat{D}_{1i}$ 表示由 x_{1i} 的性别差异产生的就业概率差异，$\hat{D}_{2i}$ 表示由 x_{2i} 的性别差异所产生的就业概率差异①。对所有排序位置上的 $\hat{D}_{1i}$ 和 $\hat{D}_{2i}$ 进行求和，可以得到由可观测因素 x_1 的性别差异所引起的就业比例差异为：

$$\hat{D}_1 = \frac{1}{N^F}\sum_{i=1}^{N^F}\hat{D}_{1i} = \frac{1}{N^F}\sum_{i=1}^{N^F}\begin{bmatrix}F(\hat{\beta}_0^* + x_{1i}^M\hat{\beta}_1^* + x_{2i}^M\hat{\beta}_2^*) - \\ F(\hat{\beta}_0^* + x_{1i}^F\hat{\beta}_1^* + x_{2i}^M\hat{\beta}_2^*)\end{bmatrix} \quad (3.3.6)$$

由可观测因素 x_2 的性别差异所引起的就业比例差异为：

$$\hat{D}_2 = \frac{1}{N^F}\sum_{i=1}^{N^F}\hat{D}_{2i} = \frac{1}{N^F}\sum_{i=1}^{N^F}\begin{bmatrix}F(\hat{\beta}_0^* + x_{1i}^F\hat{\beta}_1^* + x_{2i}^M\hat{\beta}_2^*) - \\ F(\hat{\beta}_0^* + x_{1i}^F\hat{\beta}_1^* + x_{2i}^F\hat{\beta}_2^*)\end{bmatrix} \quad (3.3.7)$$

为确定 $\hat{D}_1$ 和 $\hat{D}_2$ 的估计精度，需要进一步得到 $\hat{D}_1$ 和 $\hat{D}_1$ 的方差，费尔利（2006）采用德尔塔方法近似给出了二元选择模型中每个可解释变量组间差异所能解释的因变量组间差异的方差，依据其思想，可以得到 $\hat{D}_1$ 的近似方差为：

$$Var(\hat{D}_1) = \left(\frac{\partial \hat{D}_1}{\partial \hat{\beta}^*}\right)'Var(\hat{\beta}^*)\left(\frac{\partial \hat{D}_1}{\partial \hat{\beta}^*}\right) \quad (3.3.8)$$

其中，$\dfrac{\partial \hat{D}_1}{\partial \hat{\beta}^*} = \dfrac{1}{N^F}\sum_{i=1}^{N^F}[f(X_i^{MM}\hat{\beta}^*)(X_i^{MM})' - f(X_i^{FM}\hat{\beta}^*)(X_i^{FM})']$，$X_i^{MM} =$

---

① 与 OB 方法中每个解释变量的差异对因变量差异的贡献相互独立不同，根据式 (3.3.5) 确定每个解释变量的性别差异所引起的就业概率差异时，分解结果取决于就业方程中解释变量的排序，例如，当 x_{2i} 在就业方程中出现的位置排在 x_{1i} 之前时，分解结果则为 $\hat{D}_i = \underbrace{F(\hat{\beta}_0^* + x_{2i}^M\hat{\beta}_1^* + x_{1i}^M\hat{\beta}_2^*) - F(\hat{\beta}_0^* + x_{2i}^F\hat{\beta}_1^* + x_{1i}^M\hat{\beta}_2^*)}_{\hat{D}_{2i}} + \underbrace{F(\hat{\beta}_0^* + x_{2i}^F\hat{\beta}_1^* + x_{1i}^M\hat{\beta}_2^*) - F(\hat{\beta}_0^* + x_{2i}^F\hat{\beta}_1^* + x_{1i}^F\hat{\beta}_2^*)}_{\hat{D}_{1i}}$，福廷、勒米厄和菲尔波 (Fortin, Lemieux & Firpo) 2010 年的研究中把这个问题称为路径依赖 (path dependent) 问题。

($1\ x_{1i}^{M}\ x_{2i}^{M}$)，$X_i^{FM} = (1\ x_{1i}^F\ x_{2i}^F)$，$f(\cdot)$ 表示 $F(\cdot)$ 的概率密度函数。$\hat{D}_2$ 的近似方差可以依据相同的方法得到①。

实际分析中 N^M 和 N^F 几乎不可能相等，如果 $N^M > N^F$，可从 N^M 中随机抽取 N^F 个样本，依据上面的方法得到一次分解结果，将这一过程反复进行多次，并将多次得到的分解结果进行平均。此外，为解决路径依赖问题，费尔利（2006）建议在每一次抽取样本进行分解的过程中，随机化可观测因素的排序，最后再将多次的分解结果平均，得到就业比例差异中每个可观测因素性别差异的贡献。

二 数据的来源与统计描述

本部分依然采用2002年中国家庭收入项目（CHIP）调查数据，将样本限制为年龄在16周岁至55周岁的个体②，并剔除了丧失劳动能力和在校学生，共得到男性样本6040个，女性样本5776个。男性样本中就业5305人，失业440人，退出劳动力市场295人；女性样本中就业4450人，失业689人，退出劳动力市场637人。考虑到为照顾家庭有些个体特别是女性个体会主动选择从事家务活动而不参与劳动力市场，如果将这种主动选择的性别差异也归因于市场歧视是不合理的，因此进一步从退出劳动市场样本中剔除了这部分个体，其中男性14人，女性290人。表3.3.1分别给出了男性和女性处于不同劳动状态的样本数量。

表 3.3.1　　男性和女性处于不同劳动状态的样本数量

城镇居民	就业	失业	退出（家务）
男性	5305	440	295（14）
女性	4450	689	637（290）
合计	9755	1129	932（304）

---

① 费尔利（2006）对二元离散选择模型的分解工作是在小样本情形下进行的，$\hat{D}_j(j=1, 2)$ 的大样本性质和渐近分布形态是未知的。在这种情形下，$\hat{D}_j$ 的方差只能作为检验显著性的参照指标，如果假定在大样本下 $\hat{D}_j$ 具有渐进的正态分布，在原假设 $\hat{D}_j = 0$ 的情况下，可以通过 $\hat{D}_j / \sqrt{Var(\hat{D}_j)}$ 来检验 $\hat{D}_j$ 的显著性。

② 我国男性的退休年龄一般为60周岁，女性的退休年龄一般为55周岁，但为在歧视分析中使男性和女性具有可比性，这里将男性和女性样本年龄统一限制为55周岁以下。

人力资本理论认为，较好的人力资本将增强个体在工作搜寻过程中的优势，增加其获得工作的概率；生命周期劳动供给理论认为个体在整个生命周期内供给意愿并不相同，随着年龄的增长，个体的劳动供给意愿呈现先上升后下降的趋势，因此就业概率随着年龄的增长会表现出同样的趋势；家庭劳动供给理论认为家庭因素是决定个体工作意愿的主要因素，不同的家庭因素均会对个体的劳动供给产生影响，进而影响个体就业的概率；经济发达地区相对于欠发达地区存在着较多的就业机会，经济发达地区的个体工作搜寻时间要短于欠发达地区，因此处于发达地区个体就业的概率要大于处于欠发达地区的个体。综上所述，分析中选取了代表人力资本的教育水平和党员身份变量，代表生命周期劳动供给的年龄变量，代表家庭情况的家庭身份、婚姻状况、家庭其他人收入和学龄前孩子变量，以及代表区域经济发展水平的区域变量。

表3.3.2分别给出了男性和女性样本中各变量的统计描述。女性的就业比例为81.1%，低于男性6.9个百分点，女性和男性的就业比例存在一定差距。从代表教育水平的各个变量来看，男性具有大专及以上学历的比例为32.6%，而女性中这一比例仅为26.3%，说明男性的教育水平要高于女性；男性中具有党员身份的比例为31.6%，高于女性14个百分点。如果人力资本对就业概率具有正向影响，那么可以预期人力资本的差异能够在一定程度上解释男性和女性就业比例的差异。代表生命周期劳动供给的年龄变量，男性的均值要高于女性，这与男性的教育水平较高进而参加工作的年龄大于女性是相联系的。代表家庭情况的各变量中，男性为户主身份的比例要高于女性，家庭其他人收入的均值要低于女性，已婚比例和具有学龄前孩子的比例与女性相当，因此男性在家庭生活中承担的责任增加了其就业的概率，这在一定程度上解释了男性和女性就业比例的差异。男性和女性可观测特征的差异在一定程度上解释了就业比例的差异，但就业比例的差异是否完全能够由可观测特征的差异解释，还需进一步通过分解方法进行分析。

表 3.3.2　　男性和女性可观测特征的统计描述

变量	男性	女性	变量	男性	女性
小学及以下	0.032 (0.176)	0.040 (0.197)	其他身份	0.196 (0.397)	0.184 (0.388)
初中	0.263 (0.440)	0.249 (0.433)	已婚	0.854 (0.353)	0.860 (0.347)
高中或中专	0.379 (0.485)	0.447 (0.497)	其他人收入	12.748 (11.271)	15.626 (11.849)
大专及以上	0.326 (0.469)	0.263 (0.440)	学龄前孩子	0.110 (0.313)	0.119 (0.323)
党员身份	0.316 (0.465)	0.176 (0.381)	东部	0.370 (0.483)	0.365 (0.482)
年龄	40.409 (9.201)	38.483 (8.554)	中部	0.363 (0.481)	0.362 (0.481)
户主身份	0.554 (0.497)	0.288 (0.453)	西部	0.267 (0.443)	0.273 (0.445)
配偶身份	0.251 (0.433)	0.528 (0.499)	就业比例	0.880 (0.325)	0.811 (0.391)

注：教育水平、党员身份、家庭身份、已婚、学龄前孩子以及东中西变量均为取值为 0 或 1 的代理变量，如果个体的教育水平为小学以下，小学及以下代理变量的取值为 1，否则取值为 0，其他代理变量的取值方法与此相同；家庭其他人收入变量的单位为千元；括号内为标准差。

三　就业性别差异的分解结果

表 3.3.3 分别给出了女性和男性合并样本、女性样本和男性样本就业概率 Logit 回归模型的估计结果。可以发现，作为人力资本的重要变量，教育水平无论对女性还是对男性的就业概率均有显著影响。随着教育水平的提升，个体就业的概率不断增加，尤其是具有大专及以上学历的个体，其就业概率增加更为明显。代表能力的党员身份变量同样对男性和女性的就业概率存在显著的正向影响。从边际效应的大小来看，教育水平和党员身份对女性就业概率的正向影响要显著高于男性，说明人力资本对女性的就业回报要高于男性。年龄对男性和女性就业概率的影

响均具有二次效应,说明就业概率随着年龄的增加呈现先上升后下降的倒 U 趋势,这与生命周期劳动供给理论的预期是一致的,并且从边际效应的大小来看,年龄对男性和女性就业概率的影响基本是相同的。代表家庭情况的各变量中,无论是男性还是女性,配偶和其他个体与户主相比均具有较低的就业概率,这与户主在家庭生活中所承担的责任是相关的;已婚对男性的就业概率具有显著正向影响,而对女性的就业概率具有并不显著的负向影响;有学龄前孩子显著增加了男性的就业概率,而对女性具有不显著的正向影响,说明结合成家庭的男性由于生活责任的增加,其就业倾向明显增加;家庭其他人收入对男性的就业概率具有促进作用,而对女性的就业概率具有负向但不显著的影响。最后,代表区域的中部和西部代理变量在男性和女性样本的回归中均显著为负,说明与东部区域相比,中部和西部区域个体的就业概率要低,这与区域经济发展水平是相一致的。

表 3.3.3　　　　　　就业概率 Logit 回归模型的估计结果

变量	合并	男性	女性	变量	合并	男性	女性
初中	0.0321**	0.0179	0.0425**	已婚	0.0219	0.0582***	-0.0258
高中或中专	0.0976***	0.0672***	0.1240***	其他人收入	0.0000	0.0007*	-0.0004
大专及以上	0.2112***	0.1374***	0.2784***	学龄前孩子	0.0269**	0.0453**	0.0119
党员身份	0.0791***	0.0477***	0.1254***	中部	-0.0741***	-0.0518***	-0.0951***
年龄	0.0247***	0.0223***	0.0281***	西部	-0.0395***	-0.0347***	-0.0428***
年龄平方	-0.0003***	-0.0003***	-0.0004***	性别	-0.0492***	—	—
配偶身份	-0.0718***	-0.0407***	-0.0801***	Pseudo R^2	0.1322	0.1501	0.1139
其他身份	-0.1376***	-0.1249***	-0.1497***	观测值	11512	6026	5486

注:表中给出的是各变量对就业概率的边际效应;***、** 和 * 分别表示在 1%、5% 和 10% 的水平下显著,下同。

表 3.3.4 给出了基于不同回归系数加权的就业差异分解结果。由合并样本回归所得系数、男性样本单独回归所得系数和女性样本单独回归所得系数分别作为可解释部分权重进行分解可以得到,可观测特征的组间差异能够解释 0.0692 就业比例差异中的 0.0168、0.0021 和 0.0286,不可解释部分分别占总差异的 75.72%、96.97% 和 58.67%,说明歧视

因素是引起男性和女性就业比例差异的主要原因。从可观测因素对就业比例差异的解释来看,男性和女性教育水平、党员身份和家庭身份的差异对就业比例的差异给出了正向解释,在三种不同系数作为权重下,分别解释了 0.0249、0.0144 和 0.0356 的就业比例差异,占总差异的 35.98%、20.81% 和 51.45%。与男性相比,女性较低的年龄是其就业的优势,因此年龄对就业比例的差异给出了负向解释。最后,婚姻、家庭其他人收入、学龄前孩子和区域变量的差异对就业比例差异的解释力较低。

表 3.3.4 　　基于不同系数权重的就业差异分解结果

变量	合并样本系数	男性样本系数	女性样本系数	变量	合并样本系数	男性样本系数	女性样本系数
教育水平	0.0042*** (0.0011)	0.0027** (0.0014)	0.0053*** (0.0014)	学龄前孩子	-0.0005* (0.0003)	-0.0005 (0.0004)	-0.0002 (0.0003)
党员身份	0.0063*** (0.0008)	0.0047*** (0.0011)	0.0113*** (0.0016)	区域	0.0017*** (0.0005)	0.0011* (0.0006)	0.0019*** (0.0007)
年龄	-0.0086*** (0.0013)	-0.0103*** (0.0020)	-0.0106*** (0.0024)	就业比例差异	0.0692	0.0692	0.0692
户主身份	0.0144*** (0.0023)	0.0070** (0.0032)	0.0190*** (0.0037)	可解释部分	0.0168	0.0021	0.0286
婚姻	-0.0007 (0.0007)	-0.0014 (0.0011)	0.0008 (0.0010)	不可解释部分	0.0524	0.0671	0.0406
其他人收入	-0.0000 (0.0006)	-0.0013 (0.0009)	0.0009 (0.0011)	不可解释部分占比	75.72%	96.97%	58.67%

注:表中给出的是基于 100 次抽样匹配的分解结果,括号内为标准差,显著性水平是在正态性假定的情形下给出的。

四　就业性别差异的区域比较

进一步,为确定就业歧视程度是否与区域经济发展水平相联系,将样本分为东中西三个部分,使用与整体分析相同的方法分别进行了分析,表 3.3.5 给出了三个区域就业比例性别差异的分解结果。东中西三个区域中男性和女性的就业比例差异分别为 0.0528、0.0995 和 0.0505,

中部地区就业比例差异最大,西部地区就业比例差异最小。由合并样本回归系数作为可解释部分权重进行分解,可以得到东中西部地区由可观测特征差异解释的就业比例差异分别为 0.0172、0.0237 和 0.0093,不可解释部分分别占就业比例总差异的 67.42%、76.81% 和 81.58%,因此东中西部区域就业性别歧视程度较为接近。当由男性样本的回归系数作为可解释部分权重进行分解时,东中西部区域就业比例的差异中,不可解释部分占比分别为 78.79%、94.97% 和 115.84%。最后,当由女性样本回归系数作为可解释部分权重进行分解时,东中西部区域就业比例差异的不可解释部分占比分别为 61.55%、57.39% 和 53.47%。

表 3.3.5   东中西部区域就业比例差异的分解结果

系数权重	区域	总差异	可解释部分	不可解释部分	不可解释部分占比
合并样本回归系数	东部	0.0528	0.0172	0.0356	67.42%
	中部	0.0995	0.0237	0.0758	76.18%
	西部	0.0505	0.0093	0.0412	81.58%
男性样本回归系数	东部	0.0528	0.0112	0.0416	78.79%
	中部	0.0995	0.0050	0.0945	94.97%
	西部	0.0505	-0.0080	0.0585	115.84%
女性样本回归系数	东部	0.0528	0.0203	0.0325	61.55%
	中部	0.0995	0.0424	0.0571	57.39%
	西部	0.0505	0.0235	0.0270	53.47%

注:表中给出的是基于 100 次抽样匹配的分解结果。

五 本节结论

国家统计局发布的 2012 年国民经济和社会发展统计公报显示,至 2012 年末,我国 15～59 岁劳动年龄人口绝对数量第一次出现下降。在未来人口红利将会逐渐消失的情况下,有效解决劳动力市场的歧视问题,从而能够更有效率地开发和利用人口优势将会是保持经济增长动力的有效措施。

分析结果表明,城镇居民男性的就业比例要高于女性的就业比例,由教育水平、年龄、家庭情况等可观测因素的差异所能够解释的部分较小,说明城镇劳动力市场上存在对女性较为明显的就业歧视现象。因此，政府在制定改善就业环境的政策中，应重点关注于能够消除就业歧视的政策，使女性能够得到更为公平的就业权利，让市场在就业的决定中发挥出更大的作用。此外，女性的教育水平低于男性是引起就业差异的原因之一，因此政府应加大对女性的教育投入和职业培训力度，提升女性的人力资本水平，缩小女性和男性间的人力资本差距。进一步对东中西部区域就业的性别差异进行了分析，结果表明尽管各区域中男性和女性的就业差异存在明显的不同，但各区域中的性别就业歧视程度却较为接近，说明性别就业歧视与区域经济发展水平并无显著联系，因此政府在设计和实施反对就业歧视的公共政策时无须考虑区域经济的差异性。

第四章 农民工劳动供给行为的经验研究

第一节 农民工的劳动参与与工作时间选择

20世纪80年代以来，随着中国城市经济体制改革的不断深化，大量农业生产剩余的劳动力向城市迁移。到2006年为止，中国有1.2亿"离土离乡"外出进城打工的农民工（韩长赋，2006）。农村劳动力向城市迁移的方式可以分为个人迁移和家庭迁移，以夫妻二人共同外出打工的家庭迁移已经成为农民工流动的重要模式（蔡昉，2001）。迁移家庭通常采取在城市定居的方式，他们没有城市户口，不在城市各种社会保障体系的覆盖范围之内，主要在非正规部门就业。随着中国工业化和城市化进程的不断加快，在城市定居的农村迁移家庭不断增加，农村迁移家庭的经济活动及其影响日益受到经济学界的关注。目前，经济学界关于农村劳动力迁移现象的研究主要集中于农村劳动力迁移的影响因素和劳动迁移对农村经济的影响方面（盛来运，2007；王美艳，2006）。

本章关注于农村迁移家庭在城市劳动力市场中的劳动供给行为。首先，分析农村迁移家庭中男性和女性市场工资的决定因素，特别是人力资本因素在决定农村迁移家庭城市工资水平过程中发挥的作用。其次，分析农村迁移家庭中男性和女性劳动参与和工作时间选择的影响因素，特别是工资和收入对劳动参与和工作时间选择的影响，估算劳动参与和工作时间的工资弹性和收入弹性。

一 农民工劳动供给状况的统计描述

分析所使用的数据来自于2002年中国家庭收入项目中农村进入城

市暂住户的调查数据。该数据包括东部、中部和西部地区的12个省和直辖市中2000个农村进入城市暂住户信息，每户包含家庭成员的特征和家庭消费支出等方面的信息。在调查的2000户家庭中，1522户是夫妻双方同时从农村迁入城市的家庭，分析关注于这部分家庭中男性和女性的劳动供给行为。调查数据中个体的全部工作时间分为在城镇工作或就业时间、在家乡从事非农经营活动时间、在家乡从事农业劳动时间、在城镇寻找工作时间和因病休假时间。在数据的处理过程中删除了夫妻中任何一方各项工作时间的总和不等于全部工作时间、城镇工作时间大于零而收入等于零或者是城镇工作时间等于零而城镇工作收入大于零的家庭，进一步删除了夫妻双方任一方所需信息缺失家庭，最后得到1292个家庭样本。将劳动参与界定为2002年在城镇有过工作经历[①]，在男性样本的1292个体中，1285个个体参与劳动供给，参与样本占总样本的99.45%；在女性样本的1292个个体中，1034个个体参与劳动供给，参与样本占总样本的80.03%。因此，农村迁移家庭劳动参与率明显高于城镇家庭劳动参与率，这源于在城镇就业是农村家庭迁移的主要目的。

劳动供给理论认为工资和非劳动收入是劳动参与和工作时间的主要决定因素，因而我们首先给出工资和非劳动收入对工作时间和劳动参与影响的统计描述。劳动供给理论通常假定个体可以连续地选择任何工作时间，但现实经济中个体的工作时间通常受到其所属行业、单位类型和雇主偏好等需求因素的限制。布伦德尔和麦柯迪（1999）认为个体并不是直接地选择工作时间，而是通过选择职业和雇主间接地决定工作时间。通过表4.1.1给出的农村迁移家庭中男性和女性职业性质的分布情况可以发现，男性中私营或个体经营所占比例为68.41%，临时工或短期合同工所占比例为23.11%，女性则分别为71.95%和21.37%，男性和女性的职业性质均以私营或个体经营和临时工或短期合同工为主，说明农村迁移家庭中个体主要在非正规部门中就业。由于非正规就业是目前农村迁移家庭中个体的主要就业形式，因而相对于城市正式职工而

[①] 国外研究一般将调查时点前的一段时期内有过工作经历界定为劳动参与，例如艾沙（1995）将在调查时点的前一年中工作一小时以上界定为劳动参与。

言，具有较大的自由来选择工作时间，如从事个体经营的个体可以根据盈利情况选择增加或减少经营时间等，因而可以认为迁移家庭中男性和女性可以连续地作出工作时间的选择决策。

表 4.1.1　　　　　　男性和女性职业类型的频数分布

性别	企事业固定职工	长期合同工	临时工或短期合同工	私营或个体经营	其他
女性	3	37	221	744	29
男性	10	62	297	879	37

表 4.1.2 给出了参与样本中男性和女性工作时间、小时工资、非劳动收入的均值和标准差[①]、工作时间与小时工资和工作时间与非劳动收入的相关系数，可以发现无论是男性还是女性，参与样本中工作时间和小时工资在统计上均呈显著的负相关性，相关系数分别为 -0.5092 和 -0.4348，工作时间和非劳动收入均呈不显著的负相关性。然而，上述关系仅仅是描述性的，由于个体间存在差异，在实际分析中应该通过回归模型对其他影响工作时间的因素加以控制，并考虑小时工资和非劳动收入的内生性问题。

表 4.1.2　　　工作时间与小时工资和家庭其他人收入的相关性

性别	工作时间	小时工资对数	非劳动收入	相关系数 1	相关系数 2	样本数
女性	3495（1035）	0.71（0.61）	17808（16130）	-0.4348***	-0.0070	1034
男性	3473（1060）	0.99（0.69）	17120（15446）	-0.5092***	-0.0087	1285

注：工作时间为城市中年工作时间，小时工资为年劳动收入除以年工作时间；相关系数 1 为工作时间与小时工资对数的相关系数，相关系数 2 为工作时间与非劳动收入的相关系数，括号内为标准差，*** 表示在1%水平下显著。

城市中农村迁移家庭的工资收入和劳动供给与个体属性密切相关。表 4.1.3 给出了样本个体属性的描述性统计量，可以发现个体的

---

① 非劳动收入由家庭城镇年总收入减去个体城镇年劳动收入得到。根据调查可知，家庭城镇年总收入是家庭成员在城镇中的个人打工收入、家庭经营收入、家庭财产收入、礼金收入和其他收入之和，个体城镇年劳动收入是个体的打工收入和经营收入之和。

平均年龄为35岁左右，说明迁移劳动力多数为青壮年；平均受教育年限仅为7.74年左右，说明迁移劳动力受教育水平较低，大多数未达到初中毕业；迁移劳动力绝大多数身体健康；迁移劳动力工作经验和职业培训时间均较少，分别仅为7.30年和0.70月；迁移家庭平均人口数为3.97人，说明绝大多数家庭有两个孩子，且一半以上的孩子寄养在农村老家；迁移家庭的平均年收入为18582元，外出前他们的年收入为3379元，说明城乡收入差距很大，是农村劳动力迁移的最主要动力。当然，平均年最低生活费用10000元以上说明城市生活成本较高。

表4.1.3　　　　　　　　个体属性的描述性统计

个体属性	女性 均值	女性 标准差	男性 均值	男性 标准差
年龄	34.22	7.10	36.09	7.19
受教育年限	7.22	2.83	8.25	2.56
健康	0.97	0.16	0.98	0.14
经验	6.52	4.31	8.07	5.33
职业培训时间	0.37	2.06	1.03	4.00
城镇生活人口数	2.89	0.79	2.89	0.79
农村老家人口数	1.08	1.65	1.08	1.65
月最低生活费用	852.52	524.92	852.52	524.92
外出前年收入	1187	1666	2192	4887

注：户主和健康为取值为0或1的代理变量（如果个体为户主，则取值为1；如果个体身体健康状况为很健康、健康或一般，则取值为1），收入单位为元，职业培训时间单位为月。

当试图从统计上给出工资和非劳动收入对劳动参与的影响时遇到了问题。首先，劳动参与并不是连续变量，现实中只能观测到某个个体是参与劳动力市场还是没有参与劳动力市场，因而劳动参与是一个二元结果变量；其次，工资并不是对每个个体都可以观测，未参与个体的市场工资是无从可知的。基于这两方面的原因，无法从统计上准确地给出市场工资和非劳动收入对劳动参与概率的影响。当然，个体属性是劳动供给决策的最主要决定因素，个体属性存在明显差异，需要应用回归模型加以控制，在回归设定中需要考虑如何对二元结果变量劳动参与加以处理以及怎样解决未参与个体不可观测的市场工资的问题。

二　回归模型设定

劳动供给行为的分析需要对两个方程加以估计：劳动参与方程和工作时间方程[①]。在劳动参与方程的估计过程中，由于未参与个体的市场工资水平不可观测，因而需要对工资方程进行估计，通过工资方程预测未参与个体的市场工资水平。由于个体的劳动参与行为并不是随机的，一些不可观测因素可能同时影响个体的劳动参与和小时工资，只使用参与劳动个体的样本估计工资方程必然会产生样本选择偏差问题，从而导致工资方程估计结果存在偏差（格罗诺，1974）。在工作时间方程的估计中需要对小时工资和非劳动收入的内生性加以控制，同时另一个需要解决的问题也是样本选择偏差问题，同工资方程样本选择偏差形成的机理相同，一些不可观测因素可能既影响个体的劳动参与同时又影响个体的工作时间。解决样本选择偏差问题的传统途径是 Heckman 两阶段估计方法。劳动供给分析以简化式劳动参与方程为出发点，通过简化式劳动参与方程的估计结果来校正工资方程和工作时间方程中的样本选择偏差问题。具体来看，假设个体的简化式劳动参与方程可以表示为：

$$p_i^* = \alpha_0 + \alpha_1 y_i + z_i' \alpha_2 + u_i$$
$$p_i = \begin{cases} 1 \text{ if } p_i^* > 0 \\ 0 \text{ if } p_i^* \leq 0 \end{cases} \quad (4.1.1)$$

其中，p_i^* 表示不可观测的决定个体 i 是否参与劳动的变量（通常是个体工作时获得的效用与未工作时获得的效用之差），p_i 表示个体是否参与劳动（1 表示参与，0 表示未参与），y_i 表示个体 i 的非劳动收入，z_i 表示可观测的个体属性，由于未参与个体的市场工资不可观测，简化式

[①] 解释变量中包含市场工资的劳动参与方程称为结构式劳动参与方程，而解释变量中不包含市场工资的劳动参与方程称为简化式劳动参与方程。由于简化式劳动参与方程无法确定劳动参与的工资弹性，现代劳动参与行为分析通常需要估计结构式劳动参与方程（基林斯沃思，1983）。

劳动参与方程中不包含市场工资变量，α 表示系数，在假定 $u_i \sim N(0,1)$ 的情况下，个体 i 劳动参与的概率可以表示为：

$$\Pr(p_i = 1) = \Phi(\alpha_0 + \alpha_1 y_i + z_i' \alpha_2) \quad (4.1.2)$$

其中，$\Phi(\cdot)$ 表示服从标准正态分布的分布函数。基于 Probit 模型可以获得系数 α 的估计值。根据简化式劳动参与方程的估计结果可以计算校正工资方程和工作时间方程估计的逆米尔斯比：

$$\hat{\lambda}_i = \frac{\phi(\hat{\alpha}_0 + \hat{\alpha}_1 y_i + z_i' \hat{\alpha}_2)}{\Phi(\hat{\alpha}_0 + \hat{\alpha}_1 y_i + z_i' \hat{\alpha}_2)} \quad (4.1.3)$$

其中，$\phi(\cdot)$ 表示服从标准正态分布的概率密度函数。修正样本选择偏差的工资方程可以表示为：

$$\ln(w_i) = \beta_0 + x_{wi}' \beta_1 + \beta_2 \hat{\lambda}_i + \varepsilon_{wi} \quad (4.1.4)$$

其中，w_i 表示参与个体 i 的小时工资，x_{wi} 表示影响个体 i 市场工资水平的个体属性，β 表示系数，在工资方程的解释变量中包含了逆米尔斯比之后，可以假定随机扰动项 $\varepsilon_{wi} \sim (0, \sigma_w^2)$。使用工资方程可以对个体的市场工资水平进行预测，并将所有个体预测的市场工资水平作为解释变量，可以得到结构式劳动参与方程的表示形式：

$$p_i^* = \gamma_0 + \gamma_1 \ln(\dot{w}_i) + \gamma_2 y_i + z_i' \gamma_3 + u_i$$
$$p_i = \begin{cases} 1 \text{ if } p_i^* > 0 \\ 0 \text{ if } p_i^* \leq 0 \end{cases} \quad (4.1.5)$$

其中，$\dot{w}_i$ 表示个体 i 预测的小时工资，γ 表示系数。

使用逆米尔斯比对工作时间方程进行校正，校正后的工作时间方程可以表示为：

$$h_i = \theta_0 + \theta_1 \ln(w_i) + \theta_2 y_i + x_{hi}' \theta_3 + \theta_4 \hat{\lambda}_i + \varepsilon_{hi} \quad (4.1.6)$$

其中，h_i 表示个体 i 的工作时间，w_i 表示个体 i 的小时工资，y_i 表示个体 i 的非劳动收入，x_{hi} 表示影响个体 i 工作时间的个体属性，θ 表示系数，在解释变量中包含了逆米尔斯比之后，可以假定随机扰动项 $\varepsilon_{hi} \sim N(0, \sigma_h^2)$。

在工作时间方程的估计中，还需要考虑的另一个问题是小时工资和非劳动收入的内生性。福廷和拉克鲁瓦（Fortin & LaCroix）在 1997 年的研究中认为小时工资内生的原因可以分为理论和度量两方面。理论上，小时工资和工作时间可能同时受到不可观测个体属性的影响，比如，动机（motivation）和上进心（ambition）等。这些特征可能同时体现在小时工资和工作时间方程的随机扰动项上，因而小时工资和随机扰动项是相关的；度量上，小时工资通常是由年收入除以年工作时间得到，因而任何工作时间的度量误差都会体现到小时工资上，从而导致小时工资和工作时间方程的随机扰动项是相关的。非劳动收入包括家庭其他成员的劳动收入和家庭其他非劳动收入，家庭其他成员收入的内生性可能是由于家庭成员的工作时间决策是联合确定的。家庭其他非劳动收入也可能是内生的，比如，来自于家庭外部的转移支付（包括政府和家庭外部其他个体）与家庭中个体的工作时间是相关的。解决内生性的主要方法是工具变量法，即需要对小时工资和非劳动收入找到恰当的工具变量从而对内生性加以控制。

在估计出劳动参与方程和工作时间方程后，可以估算劳动参与弹性和工作时间弹性。劳动参与的工资弹性和收入弹性的估计值分别可以表示为：

$$\hat{e}_w^p = \frac{\partial \hat{\Phi}}{pfl * \partial \ln(w)}, \hat{e}_y^p = \frac{\bar{y} * \partial \hat{\Phi}}{pfl * \partial y} \qquad (4.1.7)$$

其中，pfl 表示劳动参与率，$\bar{y}$ 表示非劳动收入的均值。工作时间的工资弹性和收入弹性的估计值分别可以表示为：

$$\hat{e}_w^h = \frac{\hat{\theta}_1}{\bar{h}}, \hat{e}_y^h = \frac{\hat{\theta}_2}{\bar{h}} * \bar{y} \qquad (4.1.8)$$

其中，$\bar{h}$ 表示参与样本工作时间的均值。

从样本的统计中发现男性参与样本占总样本的比例高达99.45%，基本均参与城镇劳动市场，因而只需对男性工作时间方程加以估计，同时在对男性工资方程和工作时间方程的估计中不必考虑样本选择偏差问题。但女性参与城镇劳动力市场的比例为80.03%，因而需要对女性劳动参与方程和工作时间方程加以估计，并且在工资方程和工作时间方程的估计中需要考虑样本选择偏差问题。

按照Mincer方程的基本设定，在工资方程的解释变量中选取了反映人力资本水平的受教育年限、工作经验、工作经验平方和职业培训时间。其中受教育年限反映了个体的人力资本积累情况，工作经验和职业培训反映了个体人力资本的积累情况①,最后考虑到不同地区经济发展水平可能会对迁移个体在城镇的工资水平产生影响,在工资方程的解释变量中还包含了农村迁移家庭迁入地所在省份的代理变量。依据劳动经济学理论,在简化式劳动参与方程中除选取非劳动收入外,还选取了年龄、受教育年限、健康、户主、非劳动收入、城镇生活人口数、城镇生活家庭月最低生活费用、农村老家人口数和农村迁移家庭迁入地所在省份代理变量作为解释变量。年龄反映了劳动参与的生命周期模式;受教育年限和健康反映了人力资本投资水平和健康资本对劳动参与的影响;户主、城镇生活人口数、城镇生活月最低生活费用和农村老家人口数则反映了城镇以及农村老家家庭情况对劳动参与的影响,省份代理变量反映了不同地区经济环境差异对劳动参与的影响。

在工作时间方程的估计中,解释变量除选取了小时工资和非劳动收入外,还包含了年龄、受教育年限、健康、工作经验、户主、城镇生活人口数、城镇生活月最低生活费用和农村老家人口数。年龄反映了工作时间的生命周期形式;受教育年限、健康和工作经验反映了人力资本水平对工作时间的影响;户主身份、城镇生活人口数、城镇生活月最低生活费用和农村老家人口数反映了家庭情况对工作时间的影响。工作时间方程的估计中需要解决小时工资和非劳动收入的内生性问题。解决解释变量内生性问题的基本方法是 2SLS 估计法,因而需要对小时工资和非劳动收入选取恰当的工具变量。选取工具变量的基本要求是工具变量与内生的解释变量相关而与因变量不相关。按照传统工作时间方程估计中工具变量的选取方法,首先,选择年龄的平方、教育的平方和工作经验的平方作为小时工资可能的工具变量;其次,考虑到需求因素和人力资本积累水平会对个体的小时工资产生影响,选取了迁移家庭所在城市的劳动参与率和职业培训时间作为小时工资可能的工具变量;最后,在调查中要求每个个体对外出打工之前所能够赚取的年收入进行了估计,这个收入可能直接与城镇工作的小时工

---

① 工作经验是指个体在城镇参加工作和就业时间,职业培训指个体在城镇接受培训时间,尽管在农村老家的工作经验和培训时间也可能会对个体在城镇工作的工资水平产生影响,然而在调查的数据集中却无从获得相关的信息,因而在分析中并没有考虑这方面的影响。

资相关而与城镇工作时间并不相关,因而,将其作为小时工资的另一个可能的工具变量。非劳动收入可能的工具变量选取了配偶打工前能够赚取的年收入、配偶的年龄、教育、工作经验、职业培训时间和相应各变量的平方项。由于这些工具变量均可能与个体的工作时间相关,因而可能并不是恰当的工具变量。工具变量的内生性问题可以通过过度识别约束检验来判断。过度识别约束检验是检验工具变量内生性的必要条件,如果过度识别约束检验被拒绝,那么所选取的工具变量是内生的,是不恰当的。实际中通过过度识别约束检验,不断选取各种工具变量组合来确定合理的工具变量。需要说明的是,由于女性和男性的工作时间选择行为并不相同,因而某一在女性工作时间方程估计中被选做合理工具变量的变量可能作为男性工作时间方程估计过程中的工具变量就是不恰当的,即女性工作时间方程估计中的工具变量和男性工作时间方程估计中的工具变量可能是不相同的。

三 回归结果分析

表4.1.4给出了女性工资方程、女性劳动参与方程和男性工资方程的估计结果。从女性简化式劳动参与方程的估计结果中可以发现,年龄对劳动参与的概率没有显著影响,主要源于农村迁移家庭以青壮年为主(表4.1.3数据描述显示迁移家庭中女性的平均年龄为34.22岁,且标准差仅为7.10岁),劳动参与并没有呈现出生命周期模式;受教育年限系数显著为正,说明人力资本对女性劳动参与概率具有明显的促进作用,受教育年限每增加1年,女性劳动参与概率大约增加0.0086;与身体不健康的女性相比,健康女性劳动参与的概率大约将会增加0.3414;与非户主的女性相比,女性户主劳动参与的概率大约将会增加0.1456,意味着户主在家庭生活中承担较大的责任;非劳动收入对女性劳动参与概率没有影响,说明女性的劳动参与并不具有收入效应;城镇生活人口数降低了女性劳动参与的概率,城镇生活人口数每增加一人,女性劳动参与的概率大约降低0.0236,说明迁移家庭中女性仍然承担了城镇生活中的主要家务活动;城镇生活家庭月生活最低费用并没有对女性劳动参与概率产生影响,一个可能的解释是女性可以增加家务活动时间从而替代通过市场购买获得的商品和服务;农村老家人口数则增加

了女性劳动参与的概率,农村老家人口数增加一人,女性劳动参与概率大约增加 0.0253,说明农村老家人口的生活负担将会促进迁移女性更加积极地参加城镇劳动力市场从而获得更多的收入。

表 4.1.4　　　　劳动参与方程和工资方程的估计结果

解释变量	女性简化式劳动参与方程 系　数	女性简化式劳动参与方程 边际效应	女性工资方程 系　数	女性结构式劳动参与方程 系　数	女性结构式劳动参与方程 边际效应	男性工资方程 系　数
小时工资对数				1.6771***	0.4245	
年　龄	0.0047	0.0011		0.0023	0.0006	
受教育年限	0.0366**	0.0086	0.0380***	-0.0499**	-0.0126	0.0475***
健　康	1.0214***	0.3414		0.7237***	0.2362	
经　验			0.0271**			0.0396
经验的平方			-0.0012*			-0.0012***
职业培训时间			0.0174***			0.0056
户　主	0.8202***	0.1456		0.8709***	0.1652	
非劳动收入	4.65E-06	1.10E-06		4.36E-06	1.10E-06	
城镇生活人口数	-0.0998*	-0.0236		-0.1226**	-0.0310	
月最低生活费用	-0.0001	-2.37E-05		-0.0001	-2.59E-05	
农村老家人口数	0.1074***	0.0253		0.0726**	0.0184	
逆米尔斯比			-0.2175*			
常数项	-0.1473		0.5346***	-0.4862		0.5563
Chi2	LR chi2 (18) = 166.92			LR chi2 (8) = 133.87		
R^2	Pseudo R^2 = 0.1292		Adj. R^2 = 0.1209	Pseudo R^2 = 0.1036		Adj. R^2 = 0.0957
样本数	1292		1034	1292		1285

注:*、**和***分别表示在10%、%5和1%水平下显著,下同。

由女性简化式劳动参与方程的估计结果可以计算逆米尔斯比进而修正工资方程的估计①。从女性工资方程估计结果可以发现,逆米尔斯比

---

① 在计算逆米尔斯比时,需去除简化式劳动参与方程中不显著变量。在预测未参与个体市场工资、估算教育收益率、劳动参与弹性和工作时间弹性时,也均需去除不显著变量。

的系数在10%的水平下显著①,说明对工资方程进行样本选择偏差的修正是必要的。受教育年限、工作经验、工作经验平方以及职业培训时间均显著,工资水平随受教育年限和职业培训时间的增加而增加;而随着经验的增加,女性工资水平呈现出先上升后下降的倒U趋势。上述结果说明农村迁移家庭女性的人力资本在决定其城市工作的工资水平时已经发挥了明显作用,但3.71%的教育收益率要远小于城镇女性的教育收益率。

由于男性基本均参与劳动力市场活动,因而可以应用OLS方法对男性工资方程进行估计。估计结果表明,受教育年限对工资具有显著的正向影响,随着经验的增加,男性工资水平同样呈现出先上升后下降的倒U趋势,而职业培训时间对男性工资的影响并不显著。上述结果同样说明男性人力资本在决定其城市工作的工资水平时发挥了明显的作用。尽管农村迁移家庭男性的教育收益率为4.97%,远小于城镇男性的教育收益率,但却大于农村迁移家庭女性的教育收益率,这与城镇女性的教育收益率大于城镇男性的教育收益率的经验事实存在差异(孙志军,2004)。

根据女性工资方程可以预测样本中所有女性的小时工资,将小时工资(对数)预测值作为解释变量可以估计结构式劳动参与方程②,进而估算劳动参与的工资弹性值。通过比较结构式劳动参与方程和简化式劳动参与方程的估计结果可以发现,二者主要差异在于受教育年限和健康对劳动参与概率影响。在结构式劳动参与方程中,教育对劳动参与概率的影响变成了负效应,健康对劳动参与概率的影响与简化式相比明显降低,主要源于结构式劳动参与方程中受教育年限和健康对劳动参与概率的部分影响是通过市场工资的形式加以体现。结构式劳动参与方程中小时工资对数对劳动参与概率具有显著影响,边际效应为0.4245③。根据式(4.1.7)可以计算农村迁移家庭女性劳动参与工资弹性为0.5395。非劳动收入对劳动参与概率影响不显著,说明女性劳动参与不具有收入

---

① 当去除不显著变量后,逆米尔斯比在5%的水平下显著。
② 布伦德尔和史密斯(Blundell & Smith)在1994年的研究中认为对所有个体均采用预测的市场工资估计结构式劳动参与方程可以得到一致的估计量。
③ 去掉不显著变量的影响之后,边际效应约为0.4318。

弹性。

表4.1.5给出了农村迁移家庭女性和男性工作时间方程的2SLS估计结果。通过过度识别约束检验反复不断尝试不同工具变量的组合，最终确定职业培训时间、年龄平方、外出打工前收入和丈夫外出打工前收入作为女性2SLS估计过程中的工具变量。从女性工作时间方程的估计结果可以发现，逆米尔斯比系数并不显著，说明女性工作时间方程估计中，样本选择偏差问题并不显著；Hausman 内生性检验被拒绝，说明对数小时工资和非劳动收入是内生的。小时工资对数的系数为 -1031.47，且在1%的水平下显著，说明农村迁移家庭中女性劳动供给曲线向下倾斜，即工资越低，工作时间越长。向右下倾斜的工作时间曲线已经有很多经验证据，但多数只存在于低收入群体中。戴星（Dessing）2002年认为在较低的工资水平上，个体必须尽可能多地增加工作时间从事劳动力市场活动从而保证能够获得维持基本生活需要的收入。表4.1.1的统计结果说明城市中农村迁移家庭的主要就业方式为收入较低的临时工或个体经营，同时由于户籍制度的限制，他们无法享受城镇中各种社会保障制度带来的社会福利，工资水平越低，维持基本生活的难度越大，因而需要工作更长的时间。非劳动收入的系数为 -0.0143，且在5%的水平下显著，说明当非劳动收入增加，女性可以减少工作时间转而从事家务活动。从其他影响工作时间的解释变量的显著性来看，年龄的系数为负并在10%的水平下显著，说明女性的工作时间略微呈现出生命周期模式；表示人力资本的受教育年限对工作时间没有影响，而工作经验和健康均能增加女性的工作时间；表示家庭基本情况的户主身份会增加女性的工作时间，城镇生活人口数和农村老家人口数对工作时间均没有影响，城镇生活家庭月最低生活费用的增加会促使女性工作更多的时间从而获得满足家庭基本生活的费用。

表4.1.5　　　　　　　工作时间方程的估计结果

解释变量	女性		男性	
	系数	标准差	系数	标准差
小时工资对数	-1031.47 ***	335.80	-1356.85 ***	146.77
非劳动收入	-0.0143 **	0.0063	0.0087	0.0065

续表

解释变量	女性 系　数	女性 标准差	男性 系　数	男性 标准差
年　龄	-9.82*	5.71	-5.96*	3.77
受教育年限	0.81	14.75	21.75**	11.07
经　验	30.17***	7.08	15.45***	4.91
健　康	783.64***	246.64	833.49***	188.31
户　主	263.36***	96.40	43.91	67.03
城镇生活人口数	9.92	44.12	0.75	34.72
农村老家人口数	10.07	19.25	-42.57	36.32
家庭最低生活费用	0.7941***	0.1884	0.5723***	0.1060
逆米尔斯比	-229.60	246.77	3273.52	
常数项	3130.80***	401.34	3273.52	277.54
观测值	1034		1285	
Adj. R^2	0.2095		0.3154	
过度识别约束检验				
Score chi2	chi2 (2) = 2.41		chi2 (5) = 6.03	
Prob > chi2	0.2995		0.3034	
Hausman 内生性检验				
F - statistc	F (2, 1020) = 7.54		F (2, 1272) = 3.95	
Prob > F	0.0006		0.0195	

通过过度识别约束检验反复不断尝试不同工具变量的组合，最终确定城市劳动参与率、职业培训时间、年龄平方、外出打工前收入、妻子外出打工前收入、妻子职业培训时间和妻子工作经验作为男性2SLS估计过程中的工具变量。从男性工作时间方程的估计结果可以发现，Hausman内生性检验被拒绝，说明对数小时工资和非劳动收入是内生的。小时工资对数系数为-1356.85，且在1%的水平下显著，说明迁移家庭中男性工作时间曲线依然向右下倾斜。非劳动收入对男性工作时间影响并不显著，说明非劳动收入的变动并不会影响男性的工作时间。从工作时间方程中其他解释变量的显著性来看，年龄的系数为负并在10%的水平下显著，说明男性的工作时间同样略微呈现出生命周期模

113

式；表示人力资本水平的受教育年限、工作经验和健康变量对男性工作时间均具有正向影响，说明人力资本的投资和积累能够使迁移个体获得更长时间工作的机会从而能够增加收入水平；表示家庭基本情况的户主、城镇生活人口数、农村老家人口数和城镇生活家庭月最低生活费用的四个变量中，只有城镇生活家庭月最低生活费用对男性工作时间具有正向影响，说明维持家庭最低生活水平费用的提高，会促使男性增加工作时间。根据式（4.1.8）可以计算农村迁移家庭中女性和男性工作时间的工资弹性分别为 -0.2613 和 -0.3443，男性工作时间不具有收入弹性而女性工作时间的收入弹性为 -0.0733，工作时间对于非劳动收入的反应要远小于对小时工资的反应。

四 本节结论

依据中国微观数据，应用微观经济计量方法分析了城市中农村迁移家庭的劳动供给行为。工资方程的估计结果表明：农村迁移家庭中女性和男性的教育收益率分别为 3.71% 和 4.97%，明显低于城市居民的教育回报率，这一方面可能源于城市劳动力市场存在户籍歧视，另一方面可能源于农村教育质量较低。同时，男性工作时间方程的估计结果表明：随着教育年限的增长，男性工作时间将明显增加，主要源于教育有助于工资率的提升。由于农村迁移人口平均受教育程度较低且受教育质量较低，政府发展农村的教育，将能够有效地促进农村迁移家庭收入的提升。

女性劳动参与方程、女性工作时间方程和男性工作时间方程的估计结果表明：身体健康不仅有助于女性的劳动参与，而且有助于女性和男性工作时间的增加。由于农村医疗卫生服务条件较差，政府发展农村的医疗卫生服务，将会提高农村居民的身体素质，有助于农村劳动力向城市迁移，进而有助于农村迁移家庭劳动供给和收入的增加。

工作时间方程的估计结果表明：随着年龄的增长，个体倾向于减少工作时间；但随着经验的增长，个体倾向于增加工作时间。由于经验的边际贡献大于年龄的边际贡献，说明向城市迁移时相对较年轻的个体在劳动供给方面占有优势，政府应鼓励年轻的农村剩余劳动力尽早向城市迁移，尽早地融入城市将有助于其工作经验的积累，进而有助于其收入水平的提升。

工作时间方程的估计结果表明：女性工作时间的工资弹性和收入弹性分别约为 -0.2613 和 -0.0733，而男性工作时间的工资弹性约为 -0.3443，虽然女性和男性工作时间的工资弹性均较小，但仍说明农村迁移家庭中女性和男性的工作时间曲线均向右下倾斜。向右下倾斜的工作时间曲线暗示着农村迁移家庭的收入水平较低，为维持家庭在城市的基本生活需要，农村迁移劳动力不得不工作较长的时间。长时间的工作使得迁移劳动力缺少机会进行人力资本投资，而较低的人力资本水平又进一步限制了他们收入水平的提升，导致许多农村迁移家庭陷入贫困陷阱。同时，女性劳动参与方程的估计结果表明：劳动参与的工资弹性为0.5395，远大于工作时间的工资弹性，说明市场工资水平的提升，能够有效地促进女性的劳动参与和就业，进而促进女性劳动供给的增加。

中国作为一个发展中国家，促进农村剩余劳动力向城市合理有序地迁移，不仅有助于抑制城乡居民收入差距的持续扩大，而且有助于促进经济持续稳定的增长。因此，政府部门应该努力发展农村的教育和医疗卫生服务，适当提升城市最低工资标准，为进行个体经营的农村迁移劳动力提供优惠政策，消除针对农村劳动力的就业歧视和工资歧视，将城市社会保障体系逐渐覆盖全部农村迁移人口，促进农村迁移人口人力资本水平、工资水平和就业水平的提升，促使农村迁移人口尽快摆脱贫困陷阱，达到农村迁移家庭和城市居民的和谐和融合，进而达到提高中国社会整体福利水平的政策目标。

第二节　农民工就业稳定性影响因素的经验分析

随着劳动力市场改革的深化，城乡分割的劳动力市场制度逐渐被打破，城镇中优越的生活环境和较高的收入预期吸引了大量农村剩余劳动力。尽管农民工已经成为城镇建设的主要力量，为城镇的发展作出了不可估量的贡献，但却由于不具备城镇户口无法享受到与城镇本地工相同的待遇，他们在就业机会、工资收入、子女教育、医疗服务以及社会保障等方面均与城镇本地工存在着差异，因此农民工歧视问题受到了众多学者的关注。已有的研究主要关注于农民工在工资收入上所受到的歧视，使用微观调查数据，通过量化分析方法刻画农民工受到的歧视程度（王美艳，2005；邓曲恒，2007；谢嗣胜、姚先国，2006；郭凤鸣、张世伟，2011；章元、高汉，2011），而对于农民工在就业的稳定性、就业后福利等方面所受歧视的量化研究则较为鲜见，这使我们无法系统地理解就业户籍歧视的全貌。

  本节将分析的焦点集中于城镇工和农民工就业的稳定性上。稳定的就业能够强化雇主和雇工之间的信任，使雇主有动力对雇工进行职业培训，进而能够提升雇工的人力资本水平，为雇工带来更高的收入。此外，稳定的就业能够稳定雇工未来的收入预期，促进消费水平的提升。当前，关于就业稳定性的研究并不多见，有代表性的研究是罗楚亮（2008）和黄乾（2009）的工作，前者得到了城镇住户稳定性就业和非稳定性就业间工资差距扩大，并且歧视因素所起的作用越来越大的结论，后者则分析了农民工内部稳定性就业和非稳定性就业间的工资差异，得到约40%的工资差异是由个人禀赋差异引起的，而剩余的60%要归因于就业差异。城镇工和农民工就业稳定性是否存在差异，如果存在差异，那么多大部分是由人力资本等个人禀赋差异所能解释的，多大部分是由劳动力市场的歧视产生的，对这一问题的回答不仅能够丰富我们对歧视问题的认识，而且能够为制定加强农民工就业稳定性，促进其城镇融合的公共政策提供启示和借鉴。

一　数据的来源和分析方法

  分析所使用的数据来自中国家庭收入项目2007年的调查数据，该项目对城镇住户、进城务工人员和农村住户分别进行了调查。数据包括了家庭成员的基本特征、身体健康情况、教育和培训经历、就业状况、孩子的教育情况、社会关系等信息，为就业和工资方面的相关研究提供了丰富而翔实的数据，这里的分析采用城镇住户和进城务工人员的调查数据。城镇居民和进城务工人员的工作类型包括"固定工"、"长期合同工"、"短期合同工"、"无合同的临时工"、"领工资的家庭帮工"、"自我经营者"、"打零工"和"其他"，从工作稳定性来看，"固定工"和"长期合同工"工作最为稳定，因此将这两类就业定义为稳定就业，而将其他类型的就业定义为非稳定就业。将样本限制为年龄在16岁至

60岁之间的个体,并剔除未就业和信息缺失的个体,最终得到城镇工就业样本6912个,其中男性样本3880个,女性样本3032个,农民工就业样本7017个,其中男性样本4112个,女性样本2905个。表4.2.1给出了城镇工和农民工稳定就业和非稳定就业的样本分布情况。可以发现,农民工稳定就业比要明显低于城镇工,男性农民工稳定就业比低于男性城镇工36.46个百分点,而女性农民工稳定就业比低于女性城镇工38.54个百分点。此外,男性稳定就业比要高于女性,男性城镇工稳定就业比高于女性城镇工4.72个百分点,男性农民工稳定就业比高于女性农民工6.80个百分点。稳定就业比无论是在户籍间还是在性别间都存在差异,然而这种差异是由禀赋差异引起的,还是由歧视因素产生,还需要进一步分析。

表4.2.1 稳定就业和非稳定就业的样本分布

差异指标	男性城镇工	女性城镇工	男性农民工	女性农民工
稳定就业样本数	2978	2184	1657	973
非稳定就业样本数	902	848	2455	1932
就业样本总数	3880	3032	4112	2905
稳定就业比	76.75%	72.03%	40.29%	33.49%

在对稳定就业比进行分解时,采用费尔利(2006)提出的二元离散选择模型分解方法。首先,构建农民工和城镇工是否稳定就业的二元离散选择模型。假定决定农民工和城镇工是否稳定就业的潜在因素 p_i^{jk} 线性可加地取决于观测因素 x_i^{jk} 和不可观测因素 ε_i^{jk},其中 j 和 k 用来标识个体 i 身份,当个体 i 为城镇工时 $j=u$,为农民工时 $j=r$,当个体 i 为男性时 $k=m$,为女性时 $k=f$。在这种情况下,个体 i 获得稳定就业的概率可以表示为:

$$p_i^{jk} = x_i^{jk}\beta^{jk} + \varepsilon_i^{jk}$$

$$y_i^{jk} = \begin{cases} 1 & p_i^{jk} > 0 \\ 0 & p_i^{jk} \leq 0 \end{cases} \quad (4.2.1)$$

$$\Pr(y_i^{jk} = 1) = \Pr(x_i^{jk}\beta^{jk} + \varepsilon_i^{jk} > 0) = F(x_i^{jk}\beta^{jk})$$

其中，β^{jk} 为可观测因素的系数向量，y_i^{jk} 为标识个体 i 是否稳定就业的二元变量，当个体 i 稳定就业时取值为 1，否则取值为 0。如果 $F(\cdot)$ 是 logistic 分布的累积分布函数，式（4.2.1）为 Logit 模型，如果 $F(\cdot)$ 是标准正态分布的累积分布函数，式（4.2.1）为 Probit 模型。

进一步，根据费尔利（2006）的思想，男性城镇工和农民工稳定就业比的差异可以分解成由可观测因素差异所能解释的部分 $\hat{E}$ 和不可解释的歧视部分 $\hat{D}$：

$$\bar{y}^{um} - \bar{y}^{rm} = \underbrace{[\bar{F}(x_i^{um}\hat{\beta}^{um}) - \bar{F}(x_i^{rm}\hat{\beta}^{um})]}_{\hat{E}} + \underbrace{[\bar{F}(x_i^{rm}\hat{\beta}^{um}) - \bar{F}(x_i^{rm}\hat{\beta}^{rm})]}_{\hat{D}}$$

(4.2.2)

其中，$\bar{F}(x_i^{um}\hat{\beta}^{um}) = \sum_{i=1}^{N^{um}} F(x_i^{um}\hat{\beta}^{um})/N^{um}$，$\bar{F}(x_i^{rm}\hat{\beta}^{um}) = \sum_{i=1}^{N^{rm}} F(x_i^{rm}\hat{\beta}^{um})/N^{rm}$，$\bar{F}(x_i^{rm}\hat{\beta}^{rm}) = \sum_{i=1}^{N^{rm}} F(x_i^{rm}\hat{\beta}^{rm})/N^{rm}$，$\hat{\beta}^{um}$ 和 $\hat{\beta}^{rm}$ 分别表示男性城镇工和男性农民工稳定就业方程的回归系数，N^{um} 和 N^{rm} 分别表示男性城镇工和男性农民工的样本数量[①]。对于 Logit 模型来说，式（4.2.2）严格相等；对于 Probit 模型来说，式（4.2.2）并不严格相等，但非常接近[②]。

在将城镇工和农民工稳定就业比的差异分解成可解释部分和不可解释部分后，可以进一步对可解释部分加以分解，最终确定每个可观测因素的差异对就业比差异的贡献。为阐述方便，假定男性城镇工和农民工的样本数量相同，即 $N^{um} = N^{rm}$，并且方程中只有两个可观测因素，即 $x_i = (1 \ x_{1i} \ x_{2i})$，依据 $\hat{\beta}^{um}$ 对男性城镇工和农民工中每个个体稳定就业的概率进行预测，并分别对两个群体中的个体按照预测的稳定就业概率进行排序，再将两个群体中处于相同排序位置上的个体进行一对一的匹配，将预测的稳定就业概率求差后，再对所有个体求和，可以得到由可

[①] 女性城镇工与女性农民工稳定就业比差异 $\bar{y}^{uf} - \bar{y}^{rf}$、男性城镇工和女性城镇工稳定就业比差异 $\bar{y}^{um} - \bar{y}^{uf}$ 以及男性农民工和女性农民工稳定就业比差异 $\bar{y}^{rm} - \bar{y}^{rf}$ 的分解方法与此类似。

[②] 在没有户籍歧视的情况下，农民工可以获得与城镇工相等的稳定就业机会，而在没有性别歧视的情况下，女性可以获得与男性相等的稳定就业机会，因此在对城镇工与农民工稳定就业比差异进行分解时，可解释部分的权重采用城镇工稳定就业方程的系数，在对男性和女性稳定就业比差异进行分解时，可解释部分的权重采用男性稳定就业方程的系数。

观测因素 x_1 的组间差异所引起的稳定就业比的组间差异为：

$$\hat{E}_1 = \frac{1}{N^{um}} \sum_{i=1}^{N^{um}} (F(\hat{\beta}_0^{um} + x_{1i}^{um}\hat{\beta}_1^{um} + x_{2i}^{um}\hat{\beta}_2^{um}) - F(\hat{\beta}_0^{um} + x_{1i}^{rm}\hat{\beta}_1^{um} + x_{2i}^{um}\hat{\beta}_2^{um})) \quad (4.2.3)$$

由可观测因素 x_2 的组间差异所引起的稳定就业比的组间差异为：

$$\hat{E}_2 = \frac{1}{N^{um}} \sum_{i=1}^{N^{um}} (F(\hat{\beta}_0^{um} + x_{1i}^{rm}\hat{\beta}_1^{um} + x_{2i}^{um}\hat{\beta}_2^{um}) - F(\hat{\beta}_0^{um} + x_{1i}^{rm}\hat{\beta}_1^{um} + x_{2i}^{rm}\hat{\beta}_2^{um})) \quad (4.2.4)$$

实际分析中 N^{um} 和 N^{rm} 几乎不可能相等，如果 $N^{um} > N^{rm}$，可从 N^{um} 中随机抽取 N^{rm} 个样本，依据上面的方法得到一次分解结果，将这一过程反复进行多次，并将多次得到的分解结果进行平均。此外，为解决路径依赖问题，费尔利（2006）建议在每一次抽取样本进行分解的过程中，随机化可观测因素的排序，最后再将多次的分解结果平均，得到就业比差异中每个可观测因素差异的贡献。

借鉴萨姆苏丁（Shamsuddin）1998 年在工资分析中的双重负效应分析思想，将费尔利（2006）方法加以拓展，分析女性农民工就业稳定性的双重负效应。男性城镇工与女性农民工稳定就业比的差异可以分解为户籍差异（男性城镇工和男性农民工）和性别差异（男性农民工与女性农民工）两部分：

$$\bar{y}^{um} - \bar{y}^{rf} = \bar{y}^{um} - \bar{y}^{rm} + \bar{y}^{rm} - \bar{y}^{rf} = \underbrace{\bar{F}(\mathbf{x}_i^{um}\hat{\beta}^{um}) - \bar{F}(\mathbf{x}_i^{rm}\hat{\beta}^{um})}_{\hat{E}_1} + \underbrace{\bar{F}(\mathbf{x}_i^{rm}\hat{\beta}^{um}) - \bar{F}(\mathbf{x}_i^{rm}\hat{\beta}^{rm})}_{\hat{D}_1} + \underbrace{\bar{F}(\mathbf{x}_i^{rm}\hat{\beta}^{rm}) - \bar{F}(\mathbf{x}_i^{rf}\hat{\beta}^{rm})}_{\hat{E}_2} + \underbrace{\bar{F}(\mathbf{x}_i^{rf}\hat{\beta}^{rm}) - \bar{F}(\mathbf{x}_i^{rf}\hat{\beta}^{rf})}_{\hat{D}_2}$$

$$(4.2.5)$$

双重负效应由户籍歧视成分 $\hat{D}_1$ 和性别歧视 $\hat{D}_2$ 两部分构成。作为另一种可选择的分解方法，男性工城镇与农民工女性稳定就业比的差异可以分解为性别差异（男性城镇工和女性城镇工）和户籍差异（女性城镇工与女性农民工）两部分：

$$\bar{y}^{um} - \bar{y}^{rf} = \bar{y}^{um} - \bar{y}^{uf} + \bar{y}^{uf} - \bar{y}^{rf} = \underbrace{\bar{F}(\mathbf{x}_i^{um}\hat{\beta}^{um}) - \bar{F}(\mathbf{x}_i^{uf}\hat{\beta}^{um})}_{\hat{E}_1} +$$

$$\underbrace{\bar{F}(\mathbf{x}_i^{uf}\hat{\beta}^{um}) - \bar{F}(\mathbf{x}_i^{uf}\hat{\beta}^{uf})}_{\hat{D}_1} + \underbrace{\bar{F}(\mathbf{x}_i^{uf}\hat{\beta}^{uf}) - \bar{F}(\mathbf{x}_i^{rf}\hat{\beta}^{uf})}_{\hat{E}_2} +$$

$$\underbrace{\bar{F}(\mathbf{x}_i^{rf}\hat{\beta}^{uf}) - \bar{F}(\mathbf{x}_i^{rf}\hat{\beta}^{rf})}_{\hat{D}_2}$$

(4.2.6)

同样，双重负效应由性别歧视成分 $\hat{D}_1$ 和户籍歧视 $\hat{D}_2$ 两部分构成。

二 变量的选取及统计描述

个体能否获得稳定的工作是市场需求和供给意愿共同作用的结果。从市场需求角度看，企业是否提供长期合约，主要取决于个体的人力资本水平。从供给意愿来看，除人力资本因素外，个体的家庭因素也会影响其寻找稳定工作的意愿。此外，个体寻找工作的途径、所处的行业以及区域经济环境也会对个体获得稳定工作的概率产生影响。基于以上考虑，首先在稳定就业方程中包含了年龄、教育水平、工作经验和健康四个变量。黄乾（2009）对农民工获得稳定工作概率的研究发现，年龄对农民工稳定就业概率的影响呈现出倒 U 趋势，因此在回归方程中引入年龄的平方项。经典的 Mincer 方程认为工作经验对个体工资水平的影响具有二次效应，多数经验研究也证实了这一理论，但工作经验对个体获得稳定工作的概率是否同样具有二次效应？为此在就业方程中引入经验的平方项来加以检验。其次，考虑家庭因素对稳定就业概率的影响，在就业方程中包含了婚姻状况、学龄前孩子和家庭其他人收入三个变量。无论是理论研究还是经验研究都强调家庭因素对个体的就业意愿具有重要的影响，但家庭因素对个体获得稳定工作的概率会产生怎样的影响，还有待进一步分析。最后，在稳定就业方程中包含了就业途径、行业和区域代理变量。在就业途径的分类上，将通过政府、社区和商业职业介绍中介机构获得工作的方式统一归为"社会中介"，将通过招聘广告和直接申请获得工作的方式归为"自己寻找",而将通过家人、亲戚、朋友、熟人介绍及其他途径获得工作的方式归为"关系网络及其他"。在行业的划分上,将第一产业和第二产业归为行业1,将第三产业中的批发零售、住宿餐饮、服务业三个劳动密集型行业归为行业2,将第三产业中的其他行业归为行业3。在区域的划分上,按照调查样本所在的省份分为东部、中部和西部三个区域。

表4.2.2给出了变量的统计描述。可以发现,城镇工的平均年龄要明显大于农民工,男性城镇工的平均年龄比男性农民工高9.2岁,女性城镇工的平均年龄比女性农民工高7.2岁。从教育水平来看,城镇工的教育水平要高于农民工,男性和女性城镇工中具有大专及以上教育水平的比例最高,分别为41.7%和41.2%,而男性和女性农民工中具有初中文化水平的比例最高,分别为55.4%和54.9%。从自评健康状况来看,农民工较低的平均年龄使其健康状况要好于城镇工,男性农民工和女性农民工自评身体状况为"好或非常好"的比例分别为88.3%和82.2%,而男性城镇工和女性城镇工则分别为75.6%和74.3%。从工作经验来看,城镇工从事当前职业的年限显著高于农民工,男性城镇工和女性城镇工从事当前职业的年限分别为13.8年和10.7年,而男性农民工和女性农民工则分别为5.3年和4.3年。从工作获得途径来看,男性城镇工通过社会中介获得工作的比例最高,而自己寻找和通过关系网络获得工作的比例要低于社会中介,女性城镇工通过三种方式获得工作的比例相当;农民工获得工作的主要途径是通过关系网络,这一比例接近于60%,通过其他几种方式获得工作的比例较低。家庭因素中,农民工具有学龄前孩子的比例要高于城镇工,而已婚比例和家庭其他人平均收入要低于城镇工。在就业的行业分布上,城镇工在第一产业和第二产业就业的比例最高,在第三产业的劳动密集行业就业的比例次之,而农民工则在第三产业的劳动密集行业就业的比例最高,而在第一产业和第二产业就业的比例次之。从统计结果来看,城镇工和农民工在人力资本水平、获得工作的途径、家庭情况以及就业的行业分布上都存在一定的差异,这些差异能够在多大程度上对就业稳定性的差异给出解释,还需要通过分解方法来确定。最后,从性别的角度来看,无论是在城镇工内部还是农民工内部,男性的年龄、自评健康状况和工作经验都要大于

女性,而男性的教育水平与女性相当,男性家庭其他人收入低于女性,而婚姻状况和学龄前孩子比例与女性相当,男性在第一产业和第二产业就业的比例要高于女性,而女性更多地在第三产业的劳动密集型产业就业。同样,各变量差异对稳定就业比性别差异的解释程度需要进一步通过分解方法来确定。

表 4.2.2 变量的描述性统计

变量	男性城镇工 均值	男性城镇工 标准差	女性城镇工 均值	女性城镇工 标准差	男性农民工 均值	男性农民工 标准差	女性农民工 均值	女性农民工 标准差
年龄（岁）	41.199	9.86	38.189	8.853	31.982	10.462	30.986	9.731
小学及以下	0.026	0.160	0.031	0.173	0.122	0.327	0.199	0.399
初中	0.199	0.399	0.190	0.392	0.554	0.497	0.549	0.498
高中	0.358	0.479	0.366	0.482	0.280	0.449	0.219	0.413
大专及以上	0.417	0.493	0.412	0.492	0.044	0.205	0.033	0.180
健康	0.756	0.430	0.743	0.437	0.883	0.322	0.822	0.383
工作经验（年）	13.83	10.749	10.693	9.208	4.996	5.260	4.051	4.290
社会中介	0.386	0.487	0.310	0.463	0.065	0.247	0.065	0.247
自己寻找	0.274	0.446	0.317	0.465	0.326	0.469	0.328	0.469
关系网络及其他	0.341	0.474	0.372	0.484	0.609	0.488	0.607	0.488
婚姻状况	0.849	0.358	0.841	0.365	0.613	0.487	0.662	0.473
学龄前孩子	0.093	0.291	0.095	0.293	0.131	0.337	0.148	0.356
其他人收入（千元）	1.676	2.144	2.412	2.350	0.738	1.281	1.412	2.611
行业 1	0.561	0.496	0.517	0.500	0.345	0.475	0.214	0.410
行业 2	0.306	0.461	0.318	0.466	0.483	0.500	0.670	0.470
行业 3	0.134	0.34	0.166	0.372	0.169	0.375	0.108	0.311
东部	0.389	0.488	0.377	0.485	0.402	0.490	0.406	0.491
中部	0.418	0.493	0.416	0.493	0.444	0.497	0.417	0.493
西部	0.193	0.395	0.207	0.405	0.154	0.361	0.177	0.382

注：表示教育水平、健康、工作获得途径、婚姻状况、学龄前孩子、行业以及区域的各变量是取值为 0 或 1 的代理变量,如果个体的最高受教育程度为四个教育水平代理变量的某一类、自评健康状况为"好或非常好"、工作获得途径为三种途径中的某一种、婚姻状况为"初婚或再婚"、具有学龄前孩子、就业的行业为三个行业分类中的某一行业、所处区域为东中西区域的某一区域,则相应代理变量的取值为 1。工作经验为从事当前职业的年限,家庭其他人收入为月收入。

三　结果分析

表 4.2.3 给出了男性城镇工、女性城镇工、男性农民工和女性农民工四个群体稳定就业方程的 Logit 回归结果。可以发现，随着年龄的增长，男性城镇工稳定就业的概率呈先下降后上升的正 U 趋势，拐点大约出现在 45 岁，而女性城镇工以及男性和女性农民工稳定就业的概率则随着年龄的上升呈现下降趋势，并没有体现出二次效应。教育水平对于四个群体获得稳定就业的概率均具有显著的正向作用，但对城镇工获得稳定就业概率的正向作用要大于农民工；从性别角度看，无论是城镇工还是农民工，具有相同教育水平的女性获得稳定就业的概率都要大于男性，说明教育在女性获得稳定就业上发挥了更大的作用。健康对四个群体获得稳定就业的概率均具有正向作用，对男性农民工获得稳定就业概率的正向作用要大于男性城镇工，对女性农民工获得稳定就业概率的正向作用则小于女性城镇工，对女性城镇工获得稳定就业概率的影响要大于男性城镇工，但对于女性农民工获得稳定就业概率的影响要小于男性农民工。工作经验对于男性城镇工和女性城镇工获得稳定就业具有正向促进作用，但由于二次项的系数为负值，说明这种正向促进作用呈递减趋势，并且从系数估计值的大小来看，工作经验对女性城镇工获得稳定就业的正向作用要大于对男性城镇工的作用，然而工作经验对男性农民工和女性农民工获得稳定就业的促进作用并不明显。从表 4.2.2 的统计结果可以看出农民工从事当前职业的年限较短，这种较短的工作年限并没有体现出其促进就业稳定性的作用。教育水平和工作经验在城镇工就业方程中的系数都要大于农民工就业方程中相应的系数，说明在农民工和城镇工具有相同的教育水平和工作经验的情况下，城镇工获得稳定就业的概率要大于农民工，这在一定程度上体现了城镇劳动力市场对农民工就业稳定性的歧视。

表 4.2.3　　　　稳定就业方程的 Logit 回归结果

特征变量	男性城镇工	女性城镇工	男性农民工	女性农民工
年龄	-0.1237** (-0.0145)	-0.0190***	-0.0164***	-0.0153**
年龄平方	0.0013**			

续表

特征变量	男性城镇工	女性城镇工	男性农民工	女性农民工
初中	0.3531	0.7699 ***	0.2376 **	0.3843 ***
高中	0.8190 ***	1.2585 ***	0.5905 ***	1.0296 ***
大专及以上	1.5633 ***	2.0295 ***	0.9124 ***	1.0436 ***
健康	0.3028 ***	0.3262 ***	0.3616 ***	0.2814 **
经验	0.1272 ***	0.1583 ***	0.0102	0.0428
经验平方	−0.0019 ***	−0.0030 ***	−0.0016 *	−0.0045 **
社会中介	1.0432 ***	0.6855 ***	0.9475 ***	1.1345 ***
自己寻找	0.7050 ***	0.7071 ***	−0.0561	−0.1744 *
已婚	0.2321	−0.0422	−0.0153	0.0624
学龄前孩子	0.1008	0.0833	0.0285	0.0675
其他人收入	−0.0068	0.0267	−0.1313 ***	−0.1578 ***
行业 2	−1.8067 ***	−1.5865 ***	−0.8825 ***	−1.2468 ***
行业 3	−0.5754 ***	−0.2566 *	−0.1365	−0.8070 ***
中部	−0.2111 **	0.0288	−0.6686 ***	−0.4792 ***
西部	0.3004 **	0.2133	−0.1344	0.2461 **
常数项	1.9581 **	−0.6898	0.2919	0.1743

注：***、** 和 * 分别表示在 1%、5% 和 10% 的水平下显著，括号内为边际效应，下同。

从工作获得的途径来看，男性城镇工通过社会中介获得的工作最为稳定，自己寻找获得工作的稳定性次之，而通过关系网络获得的工作最不稳定，女性城镇工通过社会中介和自己寻找获得工作的稳定性差别并不明显，同样通过关系网络获得的工作也是最不稳定的；对于农民工来说，通过社会中介以及熟人介绍获得的工作要比自己寻找获得的工作更为稳定些，然而表 4.2.2 的统计结果表明农民工通过社会中介获得工作的比例是较低的，说明政府应该有意识地将就业公共服务向农民工倾斜，帮助农民工获得更为稳定的工作。表示家庭因素的四个变量中，婚姻状况和学龄前孩子对城镇工和农民工获得稳定就业的影响并不明显，家庭其他人收入对城镇工获得稳定就业没有影响，而对农民工获得稳定就业具有负向作用，这可能是由于农民工中从事非稳定自主经营就业的比例较高，这种自主经营就业多以家庭为单位进行，并且能够获得比稳定就业更高的收入，因此回归分析中显现出了较高的家庭其他人收入降低了就业稳定性的作用。从行业变量的显著性来看，无论是城镇工还是农民工，在第一产业和第二产业就业具有较高的就业稳定性，而在第三产业的劳动密集型行业就业的稳定性是最低的。最后，区域变量对城镇工和农民工就业稳定性体现出了不同的作用。

在对城镇工和农民工就业稳定性的影响因素进行分析之后，采用费尔利（2006）的方法对城镇工和农民工稳定就业比的差异进行分解。表4.2.3的估计结果表明，年龄的平方项仅对男性城镇工就业稳定性具有二次效应，并且表示家庭因素的三个变量对城镇工获得稳定就业概率的影响并不显著，因此在分解的过程中去掉了年龄的平方项和表示家庭因素的变量，表4.2.4给出了分解结果。男性城镇工和农民工稳定就业比的差异为0.3646，可观测因素差异解释的稳定就业比差异为0.2429，不可解释的差异为0.1217，不可解释部分占比为33.38%。在可解释部分中，尽管年龄和健康对稳定就业比差异的解释能力较低，但却对其给出了负向解释，说明男性农民工的年龄优势和较好的身体条件缩小了其与男性城镇工稳定就业比的差异。其他可观测因素差异对稳定就业比的差异都给出了正向解释，其中教育和经验两个人力资本变量合计解释了0.1606的稳定就业比差异，占总差异的44.05%，就业途径和行业的差异合计解释了0.1031的稳定就业比差异，区域差异对稳定就业比差异的解释能力较弱。女性城镇工和农民工稳定就业比的差异为0.3854，略大于男性城镇工和农民工稳定就业比的差异，但稳定就业比差异的不可解释部分占比为19.20%，小于男性城镇工和农民工稳定就业比差异中不可解释部分的占比。如果将不可解释部分全部归为歧视，则女性农民工在就业稳定性上受到的歧视要小于男性农民工。与男性农民工类似，女性农民工较低的年龄和较好的身体条件成为其获得稳定就业的优势，但其与城镇女性工在教育和工作经验上的差异却对稳定就业比差异给出了更高的解释，教育和经验合计解释了0.2030的稳定就业比差异，占总差异的52.67%，而就业途径和行业合计解释了0.1369的就业比差异。从分解结果来看，无论是男性还是女性，不可解释部分对城镇工和农民工稳定就业比差异的贡献都要小于人力资本差异对稳定就业比差异的贡献,这说明与户籍歧视相比,农民工与城镇工的人力资本差异更应该受到重视。

表 4.2.4 稳定就业比差异的分解结果

分解	男性城镇工和农民工	女性城镇工和农民工	城镇工男性和女性	农民工男性和女性
稳定就业比差异	0.3646	0.3854	0.0472	0.0680
可解释部分	0.2429	0.3114	0.0295	0.0353
年龄	-0.0192 **	-0.0240 ***	-0.0041 **	-0.0040 ***
教育	0.0750 ***	0.1143 ***	0.0045 ***	0.0093 ***
经验	0.0856 ***	0.0886 ***	0.0203 ***	-0.0035 **
健康	-0.0041 **	-0.0050 ***	0.0003	0.0010 ***
就业途径	0.0392 ***	0.0288 ***	0.0037 ***	0.0002
行业	0.0639 ***	0.1081 ***	0.0053 ***	0.0362 ***
地区	0.0025 ***	0.0005	-0.0004	-0.0038 ***
不可解释部分	0.1217	0.0740	0.0177	0.0327
占比	33.38%	19.20%	37.50%	48.09%

为度量女性农民工就业稳定性是否受到户籍与性别的双重歧视,进一步对城镇工稳定就业比的性别差异和农民工稳定就业比的性别差异进行了分解。男性城镇工和女性城镇工稳定就业比的差异为 0.0472,其中可解释部分为 0.0295,不可解释部分为 0.0177,不可解释部分占比为 37.50%。在可解释部分中,年龄差异对稳定就业比差异的解释为负向的,而其他因素对稳定就业比差异的解释都是正向的,工作经验的性别差异对稳定就业比的差异给出了最大的解释。男性农民工和女性农民工稳定就业比的差异为 0.0680,大于城镇工稳定就业比的性别差异,其中可解释部分为 0.0353,不可解释部分为 0.0327,不可解释部分占比为 48.09%,在所有可观测因素中,行业差异对稳定就业比差异给出了最大的解释。将城镇工和农民工进行对比来看,农民工内部就业稳定性的性别歧视程度要大于城镇工内部就业稳定性的性别歧视程度,而将性别歧视与户籍歧视对比来看,就业稳定性的性别歧视程度则要大于户籍歧视程度。

从表4.2.4给出的分解结果可以发现，女性农民工在就业稳定性上不仅受到了一定程度的户籍歧视，而且还受到了一定程度的性别歧视，即女性农民工就业稳定性存在着双重负效应。根据式（4.2.7）和式（4.2.8）对男性城镇工和女性农民工稳定就业比的差异进行分解，可以度量女性农民工就业稳定性的双重负效应。表4.2.5给出了分解结果，其中左端是根据式（4.2.7）将二者的差异分解为男性城镇工与男性农民工稳定比的户籍差异和男性农民工与女性农民工稳定就业比的性别差异，而右端是根据式（4.2.8）将二者的差异分解为男性城镇工与女性城镇工稳定就业比的性别差异和女性城镇工与女性农民工稳定就业比的户籍差异。从分解结果可以发现，双重负效应解释了男性城镇工和女性农民工稳定就业比差异的20.20%~35.36%，并且由于稳定就业比的户籍差异要远大于性别差异，导致户籍因素产生的负效应要大于性别因素产生的负效应，前者约为后者的4倍。

表4.2.5　　　　　**女性农民工就业稳定性的双重负效应**

男性城镇工与女性农民工稳定就业比的差异为0.4326

男性城镇工和男性农民工	稳定就业比差异	0.3646（84.28%）	男性城镇工和女性城镇工	稳定就业比差异	0.0472（10.91%）
	可解释部分	0.2429（56.15%）		可解释部分	0.0295（6.82%）
	不可解释部分	0.1217（28.13%）		不可解释部分	0.0177（4.09%）
男性农民工和女性农民工	稳定就业比差异	0.0680（15.72%）	女性城镇工和女性农民工	稳定就业比差异	0.3854（89.09%）
	可解释部分	0.0353（8.16%）		可解释部分	0.3114（71.98%）
	不可解释部分	0.0327（7.56%）		不可解释部分	0.0740（17.11%）
双重负效应		0.1544（35.69%）	双重负效应		0.0917（20.20%）

四　本节结论

已有的关于户籍歧视问题的分析多关注于农民工与城镇工的工资差异，对于类似于就业稳定性、就业后所获得的福利等方面差异的分析则较为鲜见，这部分采用二元离散选择模型对城镇工和农民工就业稳定性的影响进行了分析，进一步基于费尔利（2006）的二元离散选择模型分解方法对城镇工和农民工就业稳定性的差异进行了分析，得出了如下结论：第一，人力资本的差异是农民工与城镇工就业稳定性差异的主要原因。男性农民工就业稳定性的教育回报要高于城镇工，女性城镇工就业稳定性的教育回报略高于农民工，然而农民工与城镇工在受教育水平上的显著差异，使城镇工就业稳定性要显著高于农民工，其中男性农民工与城镇工教育水平的差异解释了稳定就业比差异的20.57%，女性农民工与城镇工教育水平的差异解释了稳定就业比差异的29.66%；农民工较差的工作稳定性以及较短的城镇工作时间使工作经验的稳定就业回报并没得以显现，男性农民工与城镇工工作经验的差异解释了稳定就业比差异的23.48%，女性农民工与城镇工工作经验的差异解释了稳定就业比差异的22.99%。第二，公共就业服务机构对农民工的较低覆盖和行业隔离在一定程度上对就业稳定性的户籍差异给出了解释。政府部门或职业介绍等公共就业服务机构的帮助能够显著增加城镇工和农民工就业的稳定性，但农民工通过中介机构获得工作的比例较低，这种享受就业服务上的差异解释了男性农民工与城镇工就业稳定比差异的10.75%，解释了女性农民工与城镇工稳定就业比差异的7.47%；城镇工与农民工的就业存在着明显的行业隔离，这种行业隔离解释了男性农民工与城镇工就业稳定比差异的17.52%，解释了女性农民工与城镇工稳定就业比差异的28.05%。第三，男性就业稳定性的户籍歧视要高于女性，女性农民工的就业稳定性受到双重负效应。男性就业稳定比户籍差异的33.38%是不可解释的，女性就业稳定比户籍差异的19.20%是不可解释的；女性农民工是就业的弱势群体，就业稳定性受到户籍与性别的双重歧视，前者约为后者的4倍。

  总体来看，农民工与城镇工就业稳定性的差异更多地体现在人力资本的差异上，户籍歧视因素对就业稳定性差异的贡献相对较小。因此，尽管城镇劳动力市场在某种程度上还存在着由于制度因素所导致的效率损失，但这种损失已经小于人力资本的差异所产生的竞争效率。稳定的就业能够使农民工的人力资本通过干中学不断得到提升，并且能够使农民工对未来的收入形成稳定的预期，由此避免频繁的变换工作而收入却无法增加的低收入陷阱。当前政府除要着力破除劳动力市场上存在的制度障碍外，更应将关注的焦点转向农民工较低的人力资本水平上，通过各种可能的途径缩小农民工与城镇工的人力资本差距，通过提升人力资本水平这一抓手，增强农民工就业的稳定性。农民工人力资本水平的积累包含两个方面,即迁移前在农村接受教育形成的积累和迁移后在城镇工作形成的二次积累。基于此,政府一方面应加大农村地区教育的投入,特别是职业教育的投入,使农民工在迁移前能够具备专业的职业技能,为其在迁移后城镇就业的议价能力提供支撑;另一方面应该为农民工在城镇进行人力资本的再次积累提供条件,比如可以采用税收优惠政策引导城镇的教育培训机构有意识地向农民工倾斜,降低农民工职业培训的成本;通过扩大城镇公共就业服务机构对农民工的覆盖范围,降低用工企业和农民工之间的信息不对称性,增强用工企业和农民工间的信任,促使用工企业能够对农民工进行在职培训,通过干中学使农民工的人力资本水平得到提升。通过迁移前和迁移后两种途径提升农民工的人力资本水平,并通过人力资本水平的提升增强就业的稳定性,提高农民工的就业层次,进而使农民工更好地融入城镇,促进新型城镇化目标的实现。

第五章 城市贫困群体就业扶持政策的劳动供给效应

近年来，随着我国经济体制改革的不断深化，城市居民收入水平持续增长，但城市贫困问题日渐突出。政府实施相应的贫困救助政策能够有效地削减贫困，但贫困救助政策通常会对个体的劳动供给行为产生影响。国外大量的研究结果表明，单纯的收入维持政策（如最低生活保障制度和失业保险制度等）会对福利享受者的工作动机产生负面激励效应，例如丹齐格（Danziger）等1981年的研究以及莫菲特（Moffitt）1992年的研究；而积极的劳动力市场政策（如税收减免政策、提供公共岗位政策和有工作时间限制的福利计划等）却能够通过促进就业，解决部分贫困问题，比如赫克曼（Heckman）等1999年的研究，古博斯和马丁（Grubb & Martin）2001年的研究以及高吉（Groggr）2001年的研究。

为缓解城镇贫困，增加贫困群体就业，各地方政府陆续出台了形式多样的就业扶持政策。2006年初，吉林省政府实施了一系列针对贫困家庭的就业扶持政策，如"零就业家庭就业扶持计划"和"4050人员就业扶持计划"等。本章将2006年初贫困群体就业扶持政策的实施作为自然实验，将2005年11月和2006年5月的吉林省微观调查数据作为政策实验的结果，应用差中差方法和微观经济计量方法分析贫困群体对就业扶持政策的劳动供给反应。本章结构安排如下：第一节具体阐述分析就业扶持政策作用效果的差中差方法；第二节给出就业扶持政策劳动供给效应的统计分析结果；第三节给出分析就业扶持政策劳动供给效应的劳动供给模型的设定；第四节给出就业扶持政策劳动供给效应的回归分析结果；最后，给出本章所得到的结论。

第一节 差中差方法

根据赫克曼和史密斯（Heckman & Smith）在1995年的研究观点，如果能够对政策实施前后个体行为进行观测，则通过比较政策实施前后个体行为的变化量即可以解决政策评价问题。为了分析就业扶持政策对贫困群体劳动供给行为的影响，需要在人口总体中提取出两个子群体：贫困群体（目标组）和非贫困群体（对照组），其中就业扶持政策仅对目标组的劳动供给行为产生影响。通过观察和比较就业扶持政策实施前后目标组和对照组劳动供给行为变化的差异来分析贫困群体对就业扶持政策实施的劳动供给行为反应。

赫克曼（Heckman）在其1993年研究中指出，劳动供给的变化涉及广度和深度的变化，广度是指劳动参与的变化，而深度是指参与条件下工作时间的变化，因此就业扶持政策会从劳动参与和工作时间两个方面对贫困群体的劳动供给行为产生影响。首先，就业扶持政策可能会对目标组的劳动参与率产生影响。假设 p_{tb} 和 p_{ta} 分别表示目标组在政策实施前后的劳动参与率，则 $(p_{ta}-p_{tb})$ 表示目标组劳动参与率的绝对变化量，$(p_{ta}-p_{tb})/p_{tb}$ 表示目标组劳动参与率的变化率。假设 p_{cb} 和 p_{ca} 分别表示对照组在政策实施前后的劳动参与率，则 $(p_{ca}-p_{cb})$ 表示对照组劳动参与率的绝对变化量，$(p_{ca}-p_{cb})/p_{cb}$ 表示对照组劳动参与率的变化率。在现实经济中，不存在自然科学研究所要求的严格控制的实验室环境，经济状态的变化是多种因素联合作用的结果。劳动参与率变化的一部分是由政策因素引起的，另一部分则是由非政策因素变化引起的，如劳动需求变动等。如果非政策因素对目标组和对照组劳动参与率的影响是相同的，则就业扶持政策导致目标组劳动参与率的相对变化量为 $((p_{ta}-p_{tb})-(p_{ca}-p_{cb}))$，目标组劳动参与率的相对变化率为 $((p_{ta}-p_{tb})/p_{tb}-(p_{ca}-p_{cb})/p_{cb})$。其次，就业扶持政策可能会对目标组的工作时间产生影响。假设 h_{tb} 和 h_{ta} 分别表示目标组在就业扶持政策实施前后的（人均）工作时间，则 $(h_{ta}-h_{tb})$ 表示目标组工作时间的绝对变化量，$(h_{ta}-h_{tb})/h_{tb}$ 表示目标组工作时间的变化率。假设 h_{cb} 和 h_{ca} 分别表示对照组在就业扶持政策实施前后的（人均）工作时间，则 $(h_{ca}-h_{cb})$

表示对照组工作时间的绝对变化量,$(h_{ca} - h_{cb})/h_{cb}$ 表示对照组工作时间的变化率。与劳动参与的变化一样,工作时间变化的一部分是由就业扶持政策引起的,而另一部分则是由非政策因素变化引起的,比如需求因素等。如果非政策因素对目标组和对照组工作时间的影响是相同的,那么就业扶持政策导致目标组工作时间的相对变化量为 $((h_{ta} - h_{tb}) - (h_{ca} - h_{cb}))$,而目标组工作时间的相对变化率为 $((h_{ta} - h_{tb})/h_{tb} - (h_{ca} - h_{cb})/h_{cb})$。

由于目标组和对照组的分类并不是随机的,非政策因素对目标组和对照组劳动参与率和工作时间的影响并不相同,需要消除作用于目标组和对照组不同的外在和内在因素影响。首先,外在的宏观经济冲击(包括在就业扶持政策实施的同时其他公共政策的变动)也会对个体的劳动供给行为产生影响,需要在样本选择时剔除掉受到其他公共政策(如税收政策)变动影响的个体样本,保证目标组和对照组中个体不受其他公共政策变动的干扰。其次,目标组和对照组可观测的个体属性存在差异,如受教育程度、工作经验等,需要通过在回归模型中尽可能多地对个体属性加以控制,从而消除个体属性差异导致的劳动供给差异。

第二节 就业扶持政策劳动供给效应的统计描述

本章分析所使用的数据来自于吉林省2005年和2006年的入户调查数据,通过匹配获得了2005年和2006年连续观测的微观个体数据,人口属性和经济活动特征包括受教育年限、年龄、婚姻状况、学龄前孩子数、健康状况、就业状况、月工资收入和周工作时间等。根据"自然实验"方法,本章将2005年家庭人均收入低于当地最低生活保障标准家庭(贫困群体)中的个体归入目标组,将家庭人均收入高于当地最低生活保障标准家庭中的个体归入对照组。为了避免在此期间个人所得税制度改革对个体劳动供给行为分析的干扰,也为了使目标组和对照组的劳动供给影响因素尽量接近,本章将可能受到2006年初所得税制度改革影响的较高收入群体从样本中去除掉,同时考虑到就业扶持政策作用的对象应该是未退休的劳动年龄人口,因而将样本限制为年龄小于60岁的已婚男性和年龄小于55岁的已婚女性,这样得到男性样本578

第五章 城市贫困群体就业扶持政策的劳动供给效应

个,女性样本 522 个。

表 5.2.1 给出了女性劳动供给的变动情况。可以发现与 2005 年相比,2006 年对照组的劳动参与率减少了 6.79%,而目标组的劳动参与率增长了 94.43%[①];对照组参与条件下平均工作时间增长了 9.88%,而目标组参与条件下平均工作时间增长了 6.69%。劳动参与率和工作时间的变化导致劳动供给的变化,对照组的劳动供给增长了 2.40%,而目标组的劳动供给增长了 107.46%。通过差中差方法计算可知,与对照组相比,目标组的劳动参与率增长率相对增加 101.22%、工作时间增长率相对减少 3.18%、劳动供给增长率相对增加 105.06%,说明如果目标组和对照组在个人属性等方面不存在明显差异,则就业扶持政策将导致女性目标组的劳动供给明显增长,并且这种增长完全是由劳动参与率的增长引起的。

表 5.2.1　　　　　　　　女性劳动供给变动情况

年　份	劳动参与率		工作时间		劳动供给	
	对照组	目标组	对照组	目标组	对照组	目标组
2005	0.3769	0.1364	47.54	49.89	17.92	6.80
2006	0.3513	0.2652	52.23	53.23	18.35	14.11
绝对变化量	-0.0256	0.1288	4.70	3.34	0.43	7.31
绝对变化率	-6.79%	94.43%	9.88%	6.69%	2.40%	107.46%
相对变化量		15.44		-1.36		6.88
相对变化率		101.22%		-3.18%		105.06%
样本量	390	132	390	132	390	132

表 5.2.2 给出了男性劳动供给的变动情况。可以发现与 2005 年相比,2006 年对照组的劳动参与率下降了 3.49%,而目标组的劳动参与率增长了 52.64%;对照组参与条件下平均工作时间增长了 8.69%,而目标组参与条件下平均工作时间增长了 3.94%。因而导致对照组的劳动供给增长了 4.90%,而目标组的劳动供给增长了 58.65%。通过差中

---

① 根据调查问卷中所设问题的形式,本章将调查时点前一周个体为取得收入工作 1 小时以上定义为劳动参与。

差方法计算可知,与对照组相比,目标组的劳动参与率增长率相对增加 56.13%、工作时间增长率相对减少 4.75%、劳动供给增长率相对增加了 53.75%,说明如果目标组和对照组在个人属性等方面不存在明显差异,则就业扶持政策导致男性目标组的劳动供给明显增长,并且这种增长也完全是由劳动参与率的增长引起的。

此外,通过比较表 5.2.1 和表 5.2.2 可以发现,女性(对照组和目标组)和男性(对照组和目标组)的劳动参与率、工作时间和劳动供给均表现出基本相同的变化趋势,但女性劳动供给的变化幅度明显高于男性劳动供给的变化幅度。

表 5.2.2　　　　　　　　男性劳动供给变动情况

年 份	劳动参与率		工作时间		劳动供给	
	对照组	目标组	对照组	目标组	对照组	目标组
2005	0.67	0.38	48.54	51.72	32.70	19.39
2006	0.65	0.57	52.75	53.76	34.30	30.77
绝对变化量	-0.24	0.20	4.22	2.04	1.60	11.38
绝对变化率	-3.49%	52.64%	8.69%	3.94%	4.90%	58.65%
相对变化量		22.09		-2.18		9.77
相对变化率		56.13%		-4.75%		53.75%
样本量	426	152	426	152	426	152

表 5.2.3 给出了可能影响目标组和对照组劳动供给的个人属性的均值。可以发现对照组的年龄和受教育年限略高于目标组。对照组的健康比例和学龄前孩子比例与目标组基本相同。女性对照组和目标组技术职称比例相同,但男性对照组的技术职称比例是目标组的 2 倍。在劳动参与的单位类型分布方面,目标组和对照组并不存在明显差异,但对照组在绝大多数不同类型单位的劳动参与率均明显高于目标组。此外,无论是 2005 年还是 2006 年目标组的月工资水平和非劳动收入均要低于对照组,然而,2006 年目标组与对照组收入的差距要远小于 2005 年的年收入差距,这说明与 2005 年相比,2006 年目标组的收入水平得到改善。由于目标组和对照组个人属性存在一定差别,并进而可能导致劳动需求

的明显差别,对个人属性和劳动需求因素加以控制才能较准确地度量就业扶持政策对目标组的劳动供给所产生的影响。

表 5.2.3　　　　　　　目标组和对照组的个人属性

解释变量	女性 2005 对照组	女性 2005 目标组	女性 2006 对照组	女性 2006 目标组	男性 2005 对照组	男性 2005 目标组	男性 2006 对照组	男性 2006 目标组
年龄	40.54	40.12	41.17	40.72	42.73	41.75	43.35	42.32
受教育年限	9.75	9.52	9.75	9.52	10.09	9.77	10.09	9.77
技术职称	0.02	0.02	0.02	0.02	0.06	0.03	0.06	0.03
月工资	419	322	477	468	507	306	561	501
健康	0.99	0.98	0.99	0.98	0.99	0.98	0.99	0.98
单位类型:								
事业单位	0.026	0	0.021	0.008	0.021	0	0.021	0.013
国有企业	0.044	0.030	0.036	0.030	0.085	0.099	0.063	0.079
集体企业	0.031	0.008	0.023	0.016	0.031	0.013	0.045	0.026
个体工商企业	0.146	0.053	0.174	0.106	0.232	0.145	0.286	0.184
私营企业	0.044	0.023	0.036	0.053	0.082	0.033	0.096	0.066
其他企业	0.095	0.023	0.059	0.053	0.228	0.086	0.122	0.1782
家庭特征:								
非劳动收入	645	317	626	474	585	368	559	404
学龄前孩子	0.17	0.18	0.17	0.18	0.17	0.18	0.17	0.18

注:技术职称、健康、表示单位类型的各变量以及学龄前孩子均是取值为 0 或 1 的代理变量。如果个体具有技术职称、身体健康、处于某一类型的企业、有学龄前孩子,则相应变量的取值等于 1,否则等于 0。年龄和受教育年限的单位为年,月工资和非劳动收入的单位为元。由于调查中无法获得家庭非劳动收入信息,因此非劳动收入仅包括家庭其他成员的收入。

第三节　劳动供给模型的设定

考虑到就业扶持政策对个体劳动供给行为所产生的影响,可以将劳动参与方程和工作时间方程设定为如下形式:

$$\Pr(p_{it}^j = 1) = \Phi(\alpha_0 + \alpha_1 z_{it}^j + \alpha_2 D^j + \alpha_3 D_t + \alpha_4 D_t^j) \quad (5.3.1)$$

$$h_{it}^{j} = \beta_0 + \beta_1 x_{it}^{j} + \beta_2 D^{j} + \beta_3 D_t + \beta_4 D_t^{j} + \varepsilon_{it}^{j} \qquad (5.3.2)$$

其中，j 标识个体的观测值属于目标组还是对照组，t 标识个体的观测值属于 2005 年还是 2006 年。D^j 为虚拟变量，当个体的观测值属于目标组时，其值等于 1，属于对照组时，其值等于 0。目标组和对照组在劳动参与和参与条件下工作时间偏好的任何差异都会反映在该变量的系数（α_2 和 β_2）上。D_t 为虚拟变量，当个体的观测值属于 2006 年时，其值等于 1，属于 2005 年时，其值等于 0，个体劳动参与和参与条件下工作时间随时间的改变会反映在变量系数（α_3 和 β_3）上。D_t^j 为虚拟变量，如果观测值属于 2006 年的目标组，其值等于 1，其他情况等于 0，就业扶持政策对目标组劳动参与和参与条件下工作时间的影响会反映在该变量系数（α_4 和 β_4）上。检验就业扶持政策对目标组劳动参与和参与条件下工作时间产生正效应相当于检验 $\alpha_4 > 0$ 和 $\beta_4 > 0$[①]。

为了充分控制个体属性和需求因素对个体劳动参与和参与条件下工作时间影响的差异，z_{it} 和 x_{it} 应该尽可能多地包含代表个体属性和需求因素的变量。根据所使用的数据集和相关经济理论，将年龄、受教育年限、技术职称、健康状况、非劳动收入和学龄前孩子作为劳动参与方程和工作时间方程的解释变量。生命周期理论认为个体在人生的不同阶段其市场生产率和家庭生产率是不同的，导致其劳动参与倾向和工作时间存在差异。人力资本理论认为受教育年限和技术职称反映了个体的人力资本积累情况，具有较高教育程度和专业化技能的个体，其市场劳动生产率较高，会对其劳动参与和工作时间产生影响。非劳动收入对劳动供给具有纯收入效应，照顾学龄前孩子会增加个体的家庭劳动时间，减少市场劳动时间，同时由于学龄前孩子会增加家庭支出，从而会促进个体增加劳动供给，因此学龄前孩子对劳动供给的影响是不确定的，需要通过经验研究加以确定。此外，从劳动需求的角度来看，工作单位类型会对工作时间产生影响，因而在工作时间方程中引入 6 个工作单位类型代

[①] 应用"自然实验"方法分析个体的劳动供给行为，成功地解决了工资率的内生性问题。公共政策变动通常会引起个体工资率的外生变动，这种外生变动会促使个体改变劳动供给行为，因此在应用"自然实验"方法分析公共政策对个体劳动供给行为的影响时，劳动参与方程和工作时间方程的解释变量中并不需要包括工资率变量，工资率对劳动参与和工作时间的影响反映在代表公共政策影响的 D_t^j 中。

理变量加以控制。

由于可能存在一些同时影响个体的劳动参与和参与条件下工作时间的因素,因而在工作时间方程的估计中可能会存在样本选择偏差问题,因而首先估计劳动参与方程,使用劳动参与方程的估计结果计算逆米尔斯比修正工作时间方程的估计,即采用 Heckman(1979)两阶段方法对工作时间方程加以估计,如果工作时间方程中逆米尔斯比的系数不显著,则采用极大似然法分别对劳动参与方程和工作时间方程加以估计即可。

第四节 就业扶持政策劳动供给效应的回归分析

依据 2005 年和 2006 年连续观测的个体数据,首先应用 Heckman 两阶段方法对女性群体和男性群体的劳动参与方程和工作时间方程进行了回归分析。从回归估计的结果来看,无论是女性还是男性,逆米尔斯比系数均不显著,说明无论是男性还是女性劳动参与方程和工作时间方程的随机扰动项均是不相关的,因而分别对劳动参与方程和工作时间方程进行估计即可。

表 5.4.1 给出女性和男性的劳动参与方程和工作时间方程估计的结果。从劳动参与方程的估计结果来看,影响男性和女性劳动参与的因素呈现出相同的趋势。年龄对劳动参与概率的影响呈倒 U 趋势;受教育年限和技术职称对劳动参与概率没有显著影响,从表 5.2.3 可以看出,无论是目标组还是对照组,受教育年限的均值都处于 10 年左右,受教育程度相当于初中毕业,这样的受教育程度在劳动力市场中对个体劳动参与可能尚未产生明显的影响;技术职称项不显著主要是因为在样本中具有技术职称的个体只是很小的一部分;健康在女性和男性劳动参与方程中具有不同程度的显著性,说明健康是决定个体劳动参与的一个主要因素,而不能参与劳动往往又是陷入低收入的原因,从而健康是导致低收入的一个原因;非劳动收入对劳动参与概率具有负的影响,说明收入效应在起主要作用;学龄前孩子对劳动参与概率不存在显著的影响;D_t 项不显著说明劳动参与率并没有随时间呈现出递增趋势;D^j 项为负说明与对照组相比,目标组具有较低劳动参与偏好,同时 D_t^j 为正,说明就

业扶持政策对目标组的劳动参与概率起到了激励效应。

表 5.4.1　　　　劳动参与方程和工作时间方程的估计结果

解释变量	女性 劳动参与方程	女性 工作时间方程	男性 劳动参与方程	男性 工作时间方程
年　龄	3.6136 ***	-32.2910 ***	1.1792 **	-4.4073
年龄平方	-0.5024 ***	4.2537 ***	-0.2046 ***	0.5428
受教育年限	0.4570	24.3672 **	-0.2775	3.2453
技术职称	0.9654	-1.5521	0.1948	-1.8559
健　康	0.2328 *	10.4164	1.5022 ***	11.2365
非劳动收入	-0.0393 ***	0.2117	-0.0584 ***	-0.0033
学龄前孩子	-0.1066	-2.3696	0.0732	-1.4499
事业单位				
国有企业		1.6355		1.0064
集体企业		1.4238		-1.0679
个体工商企业		5.4982 **		3.9231 **
私营企业		3.2867 **		6.9564 ***
其他类型企业		1.5274 **		3.8994 **
常数项	-7.768 ***	68.4065	-1.1471	39.9585 ***
D^j	-1.0577 ***	2.5790	-1.1795 ***	3.5633
D_t	-0.0712	4.2368 ***	-0.0937	4.2910 ***
D_t^j	0.6768 ***	-0.2084	0.7197 ***	-2.3986
Pseudo R^2	0.1288		0.1708	
Wald χ^2		44.96		42.73

注：为使方程中各变量系数估计值的结果在数量级上不存在较大差异，将年龄、受教育年限和非劳动收入做了相应处理，年龄等于实际年龄除以 10，受教育年限等于实际受教育年限除以 5，非劳动收入等于非劳动收入除以 100。*、** 和 *** 分别表示在 10%、5% 和 1% 水平下显著。

从工作时间方程的估计结果中可以发现，男性个人属性变量均没有通过显著性检验，说明男性一旦劳动参与，其工作时间不受个人属性因素的影响，这可能是因为对照组和目标组的收入水平均较低，并且男性的家庭生产率较低，因此市场依附程度较大，个体一旦参与，工作时间不会轻易变动,受个体属性影响较小;工作单位类型是影响工作时间的重要因素,估计结果大多数是显著的且对工作时间影响较大,具体来看处于个体工商企业、私营企业和其他类型企业的男性要比处于事业单位、国有企业和集体企业的男性工作时间长;D^j 项不显著,说明目标组与对照组相比参与条件下的工作时间无明显差异;D_t 项显著为正说明目标组和对照组工作时间均呈现出递增趋势,D_t^j 未通过显著性检验,说明就业扶持政策对男性目标组工作时间没有显著影响。女性的工作时间随着年龄的增加呈现先减少后增加的正 U 趋势,而随受教育年限的增加,女性的工作时间增加,其他个人属性对女性的工作时间均没有影响;同样,劳动需求是影响女性工作时间的主要因素,处于个体工商企业、私营企业和其他类型企业的女性要比处于事业单位、国有企业和集体企业的女性工作时间长;D^j 项不显著,同样说明目标组与对照组相比参与条件下的工作时间无明显差异;D_t 为正说明目标组和对照组工作时间均呈现出递增趋势;D_t^j 交叉项未通过显著性检验,说明就业扶持政策对女性目标组工作时间没有显著影响。

忽略女性劳动参与方程和工作时间方程中不显著的影响因素,重新估计劳动参与方程和工作时间方程,把目标组和对照组 2005 年和 2006 年的平均个人属性代入劳动参与方程和工作时间方程,可以模拟出劳动参与率和参与条件下工作时间,进而可以得出平均劳动供给。表 5.4.2 给出了 2005 年和 2006 年女性劳动供给变化的模拟结果。可以发现在控制了目标组和对照组个体属性和需求因素差异的情况下,对照组的劳动参与率减少了 0.03%,而目标组的劳动参与率增长了 96.12%,导致目标组的劳动参与率相对增长了 96.15%;对照组的工作时间增长了 9.49%,而目标组的工作时间增长了 10.10%,导致目标组的工作时间相对增长 0.61%。由于目标组劳动参与率和工作时间都相对增加,从而导致目标组的劳动供给相对增长 106.47%。对照组 2006 年工资率比 2005 年增长了 3.63%,而目标组 2006 年工资率比 2005 年增长了 36.64%,导致目标组工资率相对增长了 33.01%。用目标组劳动供给相对变化率除以目标组工资率相对变化率可得出目标组劳动供给工资弹性约为 3.22,劳动供给对于工资率变化的反应主要是由劳动参与的变化引起的。

表 5.4.2　　　　　　　　女性劳动供给的模拟结果

年　份	劳动参与率		工作时间		劳动供给		工资率	
	对照组	目标组	对照组	目标组	对照组	目标组	对照组	目标组
2005	0.3628	0.1391	48.1821	46.1781	17.4797	6.4236	2.20	1.61
2006	0.3627	0.2728	52.7558	50.8423	19.1324	13.8701	2.28	2.20
绝对变化量	−0.0001	0.1337	4.5737	4.6642	1.6527	7.4465	0.08	0.59
绝对变化率	−0.03%	96.12%	9.49%	10.10%	9.45%	115.92%	3.63%	36.64%
相对变化量		0.1338		0.0905		5.7938		0.51
相对变化率		96.15%		0.61%		106.47%		33.01%

同样，忽略男性劳动参与方程和工作时间方程中不显著的影响因素，重新估计劳动参与方程和工作时间方程，把目标组和对照组2005年和2006年的平均个人属性代入劳动参与方程和工作时间方程，可以模拟出劳动参与率和参与条件下工作时间，进而可以得出平均劳动供给。表5.4.3给出了2005年和2006年男性劳动供给变化的模拟结果。可以发现在控制了目标组和对照组个体属性和需求因素差异的情况下，对照组的劳动参与率增长了0.33%，而目标组的劳动参与率增长了51.43%，导致目标组的劳动参与率相对增长了51.10%；对照组的工作时间增长了7.67%，而目标组工作时间增长了9.20%，导致目标组工作时间相对增加了1.53%。由于目标组的劳动参与率和工作时间都相对增加，从而导致目标组的劳动供给时间相对增长57.33%。通过计算可知，男性目标组劳动供给的工资弹性约为1.94，同样，劳动供给对于工资率的反应主要是由劳动参与的变化引起的。

表 5.4.3　　　　　　　　男性劳动供给的模拟结果

年　份	劳动参与率		工作时间		劳动供给		工资率	
	对照组	目标组	对照组	目标组	对照组	目标组	对照组	目标组
2005	0.6636	0.3772	47.5609	48.4987	31.5616	18.2919	2.61	1.77
2006	0.6658	0.5711	51.2102	52.9599	34.0954	30.2477	2.65	2.32
绝对变化量	0.0022	0.1940	3.6493	4.4612	2.5338	11.9558	0.04	0.55
绝对变化率	0.33%	51.43%	7.67%	9.20%	8.03%	65.36%	1.53%	31.07%
相对变化量		0.1918		0.8119		9.4219		0.51
相对变化率		51.10%		1.53%		57.33%		29.54%

贫困人口性质是反贫困政策设计和评价的基础。本章基于分析所选样本中2005年的观测值，应用Probit模型分析了城市人口陷入贫困的影响因素，表5.4.4给出了回归的结果。可以发现对于女性来说，是否劳动参与是其陷入贫困最主要（甚至是唯一显著）的决定因素。对于男性来说，随着年龄和受教育年限的增加，其陷入贫困的概率逐渐降低，这与人力资本理论是一致的；同时，是否劳动参与也是决定男性是否陷入贫困的主要因素。因此，城市贫困人口主要是由劳动需求不足造成的，通过就业扶持政策可以有效地增加贫困人口的劳动供给，提高贫困人口收入，达到有效削减城市贫困的目的。

表5.4.4　　城市人口陷入贫困的影响因素

性别	常数项	年龄	受教育年限	技术职称	劳动参与	健康	Pseudo R^2	样本量
女性	0.0932	-0.0108	-0.0124	0.2117	-0.7891***	-0.0019	0.0540	522
男性	1.390**	-0.0233***	-0.0756**	-0.2173	-0.8943***	0.2129	0.0880	578

注：因变量为标识个体是否贫困的代理变量，如果个体贫困，取值等于1，否则等于0。劳动参与是标识个体是否劳动参与的代理变量，如果个体劳动参与，取值等于1，否则等于0。

第五节　本章结论

本章应用"自然实验"方法研究了贫困群体对就业扶持政策的劳动供给反应。研究结果显示贫困群体中女性和男性劳动供给的工资弹性分别为3.22和1.94，说明贫困群体劳动供给具有充分弹性，且女性劳动供给弹性远大于男性劳动供给弹性；就业扶持政策使贫困群体中女性劳动供给和男性劳动供给分别增加了106.47%和57.33%，说明就业扶持政策作用效果显著；贫困群体劳动供给的增加主要是由劳动参与率的上升而非工作时间的增加引起的，其主要原因在于就业扶持政策通过改善就业环境促进了劳动参与，而个体参与后的工作时间则主要由劳动需求环境决定。

本章的研究结果表明，由于贫困群体劳动供给具有充分弹性，就业扶持政策能够明显地促进贫困群体就业，有效地削减城市贫困，减少政府最低生活保障支出。贫困是发展中国家普遍存在的社会现象,政府实施相应的公共政策能够在一定程度上削减贫困。由于我国经济发展水平所限,单纯的收入扶持政策(最低生活保障制度和失业保险制度)只能在短期部分地缓解城市贫困问题,只有通过实施积极的劳动力市场政策(就业扶持政策等)改善就业环境,促进贫困群体就业才是解决贫困问题的根本途径。

第六章　工薪所得税减除费用标准提升的劳动供给效应

近年来，随着中国经济的高速增长和体制改革的持续深入，居民收入差距的逐渐扩大已经成为我国经济和社会发展中的一个突出问题。公共经济理论认为，政府通过适当的所得税制度改革能够有效地调整居民收入差距并促进就业。据此，中国政府在2006年和2008年先后两次进行了提高工薪所得税减除费用标准的税制改革，期望在维持财政收支基本平衡基础上达到调整个人收入差距，促进就业，进而拉动内需的政策目标。然而，由于缺少经验研究结果的支持，经济学界关于提高工薪所得税减除费用标准能否达到上述政策目标，是否有必要继续提高工薪所得税减除费用标准等问题，一直存在较大争议。

税收制度改革收入分配效应和财政效应的传统研究途径为应用算术微观模拟方法计算税收规则的变动导致个体收入分配状况的改变，通过对个体收入分配状况变动累计估算出政府财政收支的变动状况。布吉尼翁和斯帕达罗（Bourguignon & Spadaro）在2006年研究成果中指出由于忽略了个体的劳动供给行为反应，算术微观模拟模型的估算结果势必会存在一定程度的偏差。所得税制度改革通常会首先导致个体收入分配状况的改变（即政策首轮效应），收入分配状况的改变会导致个体劳动供给行为的改变（即政策次轮效应），进而导致个体收入分配状况的再次改变。20世纪90年代以来，一些西方学者通过将微观经济计量方法和微观模拟方法结合起来建立劳动供给行为微观模拟模型，以期对所得税制度改革的劳动供给效应、收入分配效应和财政效应进行更全面和准确度量。

本章应用行为微观模拟方法对工薪所得税减除费用标准（起征点）

提升的劳动供给效应、收入分配效应和财政效应进行较全面的和精确的度量。本章结构安排如下：第一节对基于累进所得税制度的劳动供给模型进行设定；第二节给出劳动供给模型的估计结果；第三节给出工薪所得税减除费用标准提升劳动供给效应的微观模拟结果；最后，给出本章所得到的结论。

第一节　劳动供给模型的设定

根据劳动供给理论，假设个体效用由消费和闲暇决定，个体效用最大化问题可以表示为：

$$\max U(c,h,\mathrm{x}) \\ \mathrm{s.t.} \ c = y + w \cdot h - T(I) \tag{6.1.1}$$

其中，c 和 h 分别表示消费和工作时间，工作时间等于个体可支配的总时间减去闲暇，x 表示个体属性，w 和 y 分别表示工资率和非劳动收入，T 表示纳税额度，为应税收入 I 的函数，应税收入表示为：

$$I = w \cdot h - D \tag{6.1.2}$$

其中，$w \cdot h$ 表示工资收入，D 表示免税收入（在我国主要指"三险一金"等）。在累进税收制度下纳税额度为应税收入的分段线性函数：

$$T(I) = T(I_i) + t_i(I - I_i) \tag{6.1.3}$$

其中，i 表示应税收入所属的税收区间，t_i 为税收区间 i 的边际税率，I_i 为税收区间 i 的最低应税收入。整理式（6.1.1）、式（6.1.2）和式（6.1.3），可以得到税收区间 i 的线性预算约束：

$$c = y + w(1 - t_i)h + t_iD + (t_iI_i - T(I_i)) \tag{6.1.4}$$

尽管每个个体对于 h 和 c 的选择决定了其所处的预算约束区间，但从预算约束每个区间的局部来看，每个个体都是在闲暇的相对价格（净工资率 $w(1-t_i)$）和虚拟收入（$y + t_iD + (t_iI_i - T(I_i))$）的线性预算约束下做出的效用最大化选择。其中，$(t_iI_i - T(I_i))$ 表示对 $t_i(w \cdot h)$ 超过了处于税收区间 i 的个体实际税赋所做的补偿，意味着处于税收区间 i 的个体面对税率 t_i 所要缴纳的比例税率 t_iI_i 和实际纳税额度 $T(I_i)$ 的差额。

在线性预算约束下，表示个体偏好的直接效用函数采用豪斯曼（Hausman）1981 年的设定形式：

$$U(c,h,\mathrm{x}) = \frac{1}{\beta}(h - \frac{\alpha}{\beta})\exp[\frac{\beta c + \mathrm{x}'\gamma + \varepsilon - \alpha/\beta}{h - \alpha/\beta}] \quad (6.1.5)$$

其中，α、β 和 γ 表示参数，$\varepsilon \sim N(0,\sigma_\varepsilon^2)$ 表示不可观测的个体属性，则最大化效用函数可得到个体最优工作时间：

$$h^*(w,Y) = \alpha w + \beta y + \mathrm{x}'\gamma + \varepsilon \quad (6.1.6)$$

由式（6.1.6）可以得到工作时间的非补偿性工资弹性 $e_m = \alpha w/h^*$，工作时间的收入弹性 $e_y = \beta y/h^*$，依据 Slutsky 方程可以得到工作时间的补偿性工资弹性为 $e_h = e_m - \beta w$。劳动供给理论认为补偿性工资弹性 e_h 为正值：在保持效用不变的前提下，工资率的增长增加了闲暇的价格，从而减少对闲暇的消费，增加工作时间，$\alpha \geq 0$ 和 $\beta \leq 0$ 是补偿性工资弹性非负的充分条件。如果闲暇为正常品，收入弹性 e_y 为负值：收入的非补偿性增长会增加对闲暇的消费，减少工作时间。因而非补偿性工资弹性可以为正值、负值或者等于零，取决于替代效应和收入效应的大小程度。

当累进的税收制度使个体的预算约束变为分段线性时，应用净工资率替代工资率，虚拟收入替代非劳动收入，方程（6.1.6）在给定的预算约束区间上仍然成立。h^* 的下限是 0，上限是个体可支配的总时间。由于个体实际工作时间并不如愿地等于效用最大化时的最优工作时间，则观测的工作时间 h 等于最优工作时间加上一度量误差：

$$h = h^* + \eta \quad (6.1.7)$$

假设 η 独立于 ε，并且服从 $N(0,\sigma_\eta^2)$。当个体最优选择为不工作时，观测的工作时间为 0，即不存在最优的选择是不工作而观测到的工作时间不等于 0 的情况。

豪斯曼（1981）给出了在考虑不可观测个体异质性 ε 和工作时间度量误差 η 的情况下，估计工作时间方程（6.1.6）的似然函数表达式。劳动参与个体对于似然函数的贡献等于 h 的概率密度 $f(h)$：

$$\begin{aligned}f(h) = &\sum_{i=1}^{m}[\int_{\varepsilon_{li}}^{\varepsilon_{ui}}\frac{1}{\sigma_\eta}\phi(\frac{[h - (\alpha w_i + \beta y_i + \mathrm{x}'\gamma + \varepsilon)]}{\sigma_\eta})\frac{1}{\sigma_\varepsilon}\phi(\frac{\varepsilon}{\sigma_\varepsilon})d\varepsilon] + \\ &\sum_{i=1}^{m-1}[\Phi(\frac{\varepsilon_{l(i+1)}}{\sigma_\varepsilon}) - \Phi(\frac{\varepsilon_{ui}}{\sigma_\varepsilon})]\frac{1}{\sigma_\eta}\phi(\frac{h - h_i}{\sigma_\eta}) + \\ &[1 - \Phi(\frac{\varepsilon_{\bar{h}}}{\sigma_\varepsilon})]\frac{1}{\sigma_\eta}\phi(\frac{h - \bar{h}}{\sigma_\eta})\end{aligned}$$

$$(6.1.8)$$

其中，m 表示预算约束区间的数目，$\phi(\cdot)$ 表示标准正态分布的概率密度函数，$\Phi(\cdot)$ 表示标准正态分布的累积分布函数，w_i 表示预算约束区间 i 的净工资率，y_i 表示预算约束区间 i 的虚拟收入，h_i 表示预算约束区间 i 和 $i+1$ 之间角点上的工作时间，$\bar{h}$ 表示个体可支配的总时间。在方程（6.1.8）中，第一项表示个体最优工作时间位于预算约束区间内部，观测的工作时间为 h 的概率；第二项表示个体最优的工作时间位于角点，观测的工作时间为 h 的概率；第三项表示个体最优工作时间为可支配的总时间 $\bar{h}$，观测的工作时间为 h 的概率。ε_{ui} 是导致个体最优的工作时间位于预算约束区间 i 的最大值，ε_{li} 是导致个体最优的工作时间位于预算约束区间 i 的最小值，$\varepsilon_{\bar{h}}$ 是导致个体最优的工作时间为 $\bar{h}$ 的最小值。ε_{ui} 和 ε_{li} 取决于工作时间函数和预算约束角点处的工作时间：

$$\varepsilon_{ui} = h_i - (\alpha w_i + \beta y_i + x'\gamma)$$
$$\varepsilon_{li} = h_{i-1} - (\alpha w_i + \beta y_i + x'\gamma)$$
(6.1.9)

预算约束角点处的工作时间取决于税收系统的结构和个体的工资率：

$$h_i = \frac{(I_i + D)}{w_i} \tag{6.1.10}$$

根据莫菲特（Moffit）1986 年提出的方法，方程（6.1.8）的第一项可以转换成如下形式：

$$\int_{\varepsilon_{li}}^{\varepsilon_{ui}} \frac{1}{\sigma_\eta} \phi\left(\frac{[h - (\alpha w_i + \beta y_i + x'\gamma + \varepsilon)]}{\sigma_\eta}\right) \frac{1}{\sigma_\varepsilon} \phi\left(\frac{\varepsilon}{\sigma_\varepsilon}\right) d\varepsilon$$
$$= \frac{1}{\sigma} \phi\left(\frac{v_i}{\sigma}\right) \left\{ \begin{array}{l} \Phi[(\varepsilon_{ui} - \frac{\sigma_\varepsilon^2 v_i}{\sigma^2})/(\sigma_\varepsilon \sigma_\eta/\sigma)] - \\ \Phi[(\varepsilon_{li} - \frac{\sigma_\varepsilon^2 v_i}{\sigma^2})/(\sigma_\varepsilon \sigma_\eta/\sigma)] \end{array} \right\},$$
(6.1.11)

$$v_i = h_i - \alpha w_i - \beta y_i - x'\gamma, \sigma^2 = \sigma_\varepsilon^2 + \sigma_\eta^2$$

当样本中存在未劳动参与的个体时，忽略这部分样本会产生样本选择偏差，需要在分析中考虑这部分样本的影响。未劳动参与个体对于似然函数值的贡献为 $h = 0$ 的概率：

$$\Pr(h=0) = \int_{-\infty}^{\varepsilon_{l1}} \frac{1}{\sigma_\varepsilon}\phi(\frac{\varepsilon}{\sigma_\varepsilon})d\varepsilon +$$

$$\sum_{i=1}^{m}\left[\int_{\varepsilon_{li}}^{\varepsilon_{ui}} \frac{1}{\sigma_\eta}\phi(\frac{[-(\alpha w_i + \beta y_i + x'\gamma + \varepsilon)]}{\sigma_\eta})\frac{1}{\sigma_\varepsilon}\phi(\frac{\varepsilon}{\sigma_\varepsilon})d\varepsilon\right] +$$

$$\sum_{i=1}^{m-1}\left[\Phi(\frac{\varepsilon_{l(i+1)}}{\sigma_\varepsilon}) - \Phi(\frac{\varepsilon_{ui}}{\sigma_\varepsilon})\right]\frac{1}{\sigma_\eta}\phi(\frac{-h_i}{\sigma_\eta}) + \left[1 - \Phi(\frac{\varepsilon_{\bar{h}}}{\sigma_\varepsilon})\right]\frac{1}{\sigma_\eta}\phi(\frac{-\bar{h}}{\sigma_\eta})$$

(6.1.12)

其中，第一项为个体最优的工作时间等于 0 的概率，其他三项分别为个体最优的工作时间位于预算约束区间内部、角点和可支配的总时间，但实际观测的工作时间等于 0 的概率。

目前为止所讨论的情形都是在所有个体的税前工资率已知的情况下进行的，然而未参与个体的税前市场工资率是不可观测的，需要对其加以预测。使用 Heckman（1979）两阶段法估计工资方程，通过工资方程预测未参与个体的税前工资率，将未参与个体工资率的预测值和参与个体的实际工资率作为工作时间方程中的工资率变量，对工作时间方程进行估计。

第二节 劳动供给模型的回归结果

本章分析所使用的样本来自于 2006 年吉林省入户调查数据，从中抽取有配偶的家庭样本进行分析。首先，为了避免最低生活保障制度对劳动供给分析的干扰，在样本中剔除掉享受最低生活保障的家庭；其次，由于土地承包者的工作时间具有季节性，个体工商户面临的税收体系与普通工薪劳动者所面临的税收体系存在差异，在样本中剔除掉含有土地承包者和个体工商业主的家庭。最后，考虑到税收政策作用的对象是未退休的劳动年龄人口，将样本限制为男性年龄小于 60 岁和女性年龄小于 55 岁的劳动年龄个体，得到男性样本 1533 个，女性样本 1432 个。

根据所使用的数据集和相关理论，工资方程的解释变量包含了受教育年限、年龄、技术职称和户口类型。人力资本理论认为，工资主要取决于个体的人力资本积累水平，人力资本主要包括两方面：知识和技能。知识采用个体的受教育年限度量，技能采用个体经验和技术职称加以度量，由于数据集中并没有提供个体的工作经验信息，而年龄可以在一定程度上度量个体的工作经验，采用年龄代替个体的工作经验。由于我国城镇劳动力市场中存在户籍歧视，户口类型可能是影响个体工资收入的重要因素。劳动参与方程和工作时间方程的解释变量包含了年龄、受教育年限、技术职称、非劳动收入、户口类型、学龄前孩子和工资率。年龄反映了个体劳动供给的生命周期效应；受教育年限和技术职称反映了个体的人力资本积累水平对劳动供给所产生的影响；非劳动收入对个体的劳动供给具有收入效应；户口类型反映了城镇劳动力市场的户籍歧视情况；照顾学龄前孩子需要一定的时间成本，一方面可能会降低个体的劳动供给意愿和时间，另一方面儿童会增加家庭支出，收入效应又会促使个体增加劳动供给。表6.2.1给出了样本的统计描述。可以发现，男性劳动参与率为0.72，女性的劳动参与率为0.48，说明在2006年的城镇劳动力市场中存在着大量的未劳动参与个体。

表6.2.1　　　　　　　　　样本的统计描述

个体属性	女　性	男　性
年　龄	41.63 (7.90)	43.88 (8.53)
受教育年限	11.15 (2.66)	11.54 (2.75)
农业户口	0.08 (0.27)	0.07 (0.26)
技术职称	0.19 (0.39)	0.27 (0.44)
学龄前孩子	0.11 (0.31)	0.10 (0.31)
劳动参与率①	0.48 (0.50)	0.72 (0.45)
月工作时间	185.54 (44.02)	190.12 (48.57)
工资率	7.60 (4.79)	8.73 (5.66)
非劳动收入	704 (706)	1140 (797)

注：农业户口、技术职称、学龄前孩子为取值为0和1的代理变量，如果个体为农业户口、具有技术职称、具有学龄前孩子，其值等于1，否则为0。在调查中，询问了个体调查时点前一周的工作时间和上个月的工资收入，因而将周工作时间乘以4.5得到月工作时间，月工资收入除以月工作时间得到个体的工资率。由于调查数据中无法获得家庭非劳动收入信息，因此这里的非劳动收入仅包括家庭其他成员的收入。( ) 内为标准差，下同。

---

① 将调查时点前一周个体为取得收入工作1小时以上定义为劳动参与。

表6.2.2给出了修正样本选择偏差后工资方程的估计结果。年龄和受教育年限的系数均显著为正,说明随着年龄和受教育年限增加个体的工资率增加,这与人力资本理论是一致的;农业户口的系数为负,说明城镇劳动力市场中存在一定的户籍工资歧视。应用工资方程可以预测未参与个体的工资率,应用参与和未参与个体的工资率可以对工作时间方程进行估计。

表6.2.2 工资方程的估计结果

解释变量	女性 工资方程	女性 选择方程	男性 工资方程	男性 选择方程
年　龄	0.1528 ***	2.6798 ***	0.1985 ***	0.8628 **
年龄平方		-0.3949 ***		-0.1606 ***
受教育年限	0.2794 ***	0.6139 ***	0.2529 ***	0.4949 **
农业户口	-0.2878 **	-0.3028 **	-0.1339 *	0.0898
技术职称	0.1695	1.2091 ***	0.2143	0.4318 ***
非劳动收入		-0.0132 ***		-0.0089
学龄前孩子		-0.0206		-0.0279
常数项	0.8055 ***	-5.7936 ***	0.7755 ***	-1.2510 **
逆米尔斯比	-0.5266 ***		-0.8040 ***	
Pseudo R^2		0.2542		0.1709
Wald χ^2	158.84		171.19	

注：为使方程中各变量系数估计的结果差距不至于过大,本章对样本中实际变量做了如下处理,年龄等于个体实际年龄除以10,教育年限等于个体实际教育年限除以5,非劳动收入等于实际非劳动收入除以100。在工资方程中加入年龄的平方项时,年龄一次项和平方项的系数估计值都不显著,去掉平方项后,一次项系数估计值显著,因此,年龄对工资的影响没有二次效应。*、** 和 *** 分别表示10%、5%和1%水平下显著。

表6.2.3给出了工作时间方程的估计结果。可以发现年龄、年龄平方、受教育年限、女性技术职称和女性农业户口系数均通过显著性检验且与劳动参与方程估计结果类似。观察工资率和非劳动收入的系数可以发现,在女性工作时间方程中,工资率的系数显著为正,即女性工作时间的非补偿性工资弹性为正,说明工资的增长会促进女性工作时间增

加；非劳动收入的系数显著为负，即女性工作时间的收入效应为负，说明非劳动收入增加会使女性工作时间降低。女性工作时间的估计结果与理论预期和国外相关的经验研究结果是一致的。在男性的工作时间方程中，工资率和非劳动收入的系数均未通过显著性检验，说明对于男性来说，经典劳动供给理论中的约束和（或）偏好设定是不恰当的[①]，因而需要将男性的工作时间视为外生确定的，即男性工作时间对税收制度的变动所引起的净工资率和非劳动收入的变动缺乏弹性，这与国内相关的经验研究结果是一致的（张世伟等，2008）。由于女性工作时间对于工资率和非劳动收入的变动具有弹性，工薪所得税制度改革会对其产生影响。应用女性工作时间方程中工资率和非劳动收入的系数可以在样本均值处估算出女性工作时间的非补偿性工资弹性和收入弹性分别为 0.4380 和 -0.1845，工资弹性远大于收入弹性意味着工资率水平的提升将促进女性劳动供给的增长。

表 6.2.3　　工作时间方程的估计结果

解释变量	男　性	女　性	解释变量	男　性	女　性
工资率	0.0143	0.0825 ***	非劳动收入	-0.0139	-0.0144 ***
年　龄	0.8824 ***	2.9087 ***	学龄前孩子	-0.0568	-0.035
年龄平方	-0.151 ***	-0.426 ***	常数项	-0.0004	-5.0366 ***
受教育年限	0.1757 ***	0.3231 ***	σ_η	0.3633 ***	0.2231 ***
农业户口	0.2223 **	-0.2436 *	σ_ε	0.9248 ***	1.2275 ***
技术职称	0.1168	0.6667 ***	平均对数似然值	-1.2511	-1.0713

注：为使求解似然函数最大值的过程较快收敛，将因变量月工作时间除以了100。

第三节　工薪所得税减除费用标准提升劳动供给效应的微观模拟

针对中国工薪所得税改革方案，劳动供给行为微观模拟的基本思路

[①] 在经典工作时间选择模型中，工资率和非劳动收入的参数约束满足 Slutsky 条件。如果不满足该条件，由方程（6.1.6）计算的补偿性工资弹性、非补偿性工资弹性和收入弹性并不满足文中所论述的关系（van Soest et al., 1988）。

为，当市场工资水平或减除费用标准提升后，个体所面临的预算约束将会发生变动。在新的预算约束下，个体做出是否劳动参与的决策和参与条件下工作多长时间的决策（劳动供给效应）。劳动供给行为的变化导致其收入发生变化（收入分配效应），进而导致政府税收收入发生变化（财政效应）[1]。由于男性劳动供给缺乏弹性，税制改革仅导致其收入状态发生改变；但女性劳动供给具有弹性，税制改革不仅导致其收入状态发生改变，而且导致其劳动供给行为发生改变。

由于工作时间方程的参数是通过所有个体构成的样本回归得到的，由工作时间方程预测的工作时间与个体实际的工作时间选择必然存在差异，这种差异可以看作个体偏好的异质性，在模拟时将作为个体特定的参数进入工作时间方程从而保证根据工作时间方程预测的工作时间等于个体实际的工作时间。个体偏好的异质性可以作为常数项的一部分进入工作时间方程，个体偏好的异质性可以表示为：

$$\mu_i = h_i - (\hat{\alpha} w_i + \hat{\beta} y_i + x_i' \hat{\gamma}) \qquad (6.3.1)$$

其中，$\hat{\alpha}$、$\hat{\beta}$ 和 $\hat{\gamma}$ 为工作时间方程的相应变量系数估计值，h_i 代表个体 i 的实际工作时间。在每个个体的工作时间方程的常数项加上 μ_i 对工作时间方程进行修正，从而可以获得每个个体特定的工作时间方程。

为了使得政策分析更具现实意义，首先依据吉林省近年来行业工资增长率应用等级提升技术将 2006 年个体的工资数据时化（aging）成 2008 年的工资数据[2]，然后分别模拟工薪所得税减除费用标准为 2000、2500、3000、3500、4000、4500 和 5000 元情景下的劳动供给变动情况，进而确定相应的居民收入分配变动情况和政府税收变动情况。

表 6.3.1 给出了不同所得税减除费用标准下的女性劳动供给的变动情况。可以发现随着减除费用标准的提升，高收入女性工资率不断上升，替代效应大于收入效应，导致其参与条件下的工作时间和总劳

---

[1] 张世伟等（2006）应用微观模拟方法分析了 2006 年个人所得税制度改革的收入分配效应和财政效应，他们的分析忽略了个体劳动供给行为反应，因而估算的收入分配效应势必存在偏差。

[2] 根据历年《吉林省统计年鉴》中的分行业工资水平，根据个体所处行业和行业工资增长率，可以将个体 2006 年的工资时化成 2008 年的工资。未参与个体的工资依据工资方程预测得到，由于不知其所处行业，工资增长率采用吉林省平均工资增长率来替代。

动供给不断增加，但劳动供给增长的幅度较小（不足一个百分点），同时劳动供给增长幅度也在不断降低，说明税制改革对劳动供给影响较小。

表 6.3.1　　　2008 年吉林省不同工薪所得税减除费用标准情景下的女性劳动供给情况

减除标准	2000	2500	3000	3500	4000	4500	5000
月工作时间	175.87	177.47	178.67	179.86	180.69	181.17	181.75
劳动供给	101.07	102.00	102.68	103.37	103.85	104.12	104.46

表 6.3.2 给出了工薪收入 10 等分组税后工薪收入随所得税减除费用标准提升的变动情况。可以发现低收入的 3 个组税后工资收入未发生变化，原因在于其工薪收入未达到任何减除费用标准，说明税制改革对其劳动供给和工资收入均未产生影响，低收入群体没有在税制改革中受益；中等收入的 4 个组受税制改革影响较小；而高收入的 3 个组税后工资增长较大，原因在于随着减除费用标准的提升，工资率上升且劳动供给增加，导致其税后工资显著提升，高收入群体是税制改革的最大受益者。

表 6.3.2　　　2008 年吉林省城镇居民税后工薪收入随所得税减除费用标准提升的变动情况

收入组	2000	2500	3000	3500	4000	4500	5000
1	803.808	803.808	803.808	803.808	803.808	803.808	803.808
2	1139.854	1139.854	1139.854	1139.854	1139.854	1139.854	1139.854
3	1497.529	1497.529	1497.529	1497.529	1497.529	1497.529	1497.529
4	1859.021	1859.571	1859.571	1859.571	1859.571	1859.571	1859.571
5	2312.17	2324.698	2325.773	2325.773	2325.773	2325.773	2325.773
6	2918.516	2938.023	2950.681	2953.103	2953.103	2953.103	2953.103
7	3610.193	3649.34	3671.504	3684.434	3686.871	3686.898	3686.898
8	4351.912	4418.736	4448.748	4469.098	4480.366	4486.142	4488.73
9	5290.561	5392.892	5477.934	5531.24	5568.446	5590.852	5610.703
10	7669.733	7804.464	7945.033	8082.505	8205.303	8289.622	8378.463

表 6.3.3 给出了表示收入不平等水平的指标随所得税减除费用标准提升的变动情况。可以发现随着所得税减除费用标准的不断提升，收入不平等水平逐渐扩大，原因在于高收入群体随减除费用标准的提升受益越来越大，而中低收入群体却没有在改革中受益。因此，提高所得税减除费用标准非但不能达到缩小居民收入差距的目的，反而使居民收入差距不断扩大。

表 6.3.3　　2008 年吉林省城镇居民收入不平等随所得税减除费用标准提升的变动情况

不平等水平	2000	2500	3000	3500	4000	4500	5000
Gini	0.3598	0.3632	0.3665	0.3694	0.3720	0.3737	0.3755
Kakwani	0.1138	0.1158	0.1178	0.1195	0.1210	0.1220	0.1231
Theil	0.2224	0.2268	0.2308	0.2343	0.2373	0.2393	0.2414

表 6.3.4 给出了纳税额度随所得税减除费用标准提升的变动情况。可以发现随着减除费用标准的逐渐提升，纳税额度逐渐减少，且工薪收入越高的个体其纳税额度减少越多，因而加剧了收入不平等的程度。尽管减除费用标准的提升等同于降低了纳税个体的边际税率，增加个体的净工资率，导致劳动供给的增加，但由于男性工作时间缺乏弹性，女性工作时间弹性较小，导致工作时间增量较小，工作时间增加所产生的纳税额度增加远小于边际税率降低所产生的纳税额度减少，从而使政府税收收入出现大幅降低。从税负公平性角度出发，在目前的所得税减除费用标准下（2000），两个最高收入组纳税金额占总纳税金额的 79.39%，基本满足税负公平性的"二八"原则，无继续提高所得税减除费用标准的必要。此外，随着所得税减除费用标准的不断提升，纳税人群将逐渐减少，纳税额度占收入比重将逐渐降低，所得税调控个人收入的能力将逐渐减弱。

表 6.3.4　　　2008 年吉林省城镇居民纳税额度随所得税
　　　　　　　　减除费用标准提升的变动情况

收入组	2000	2500	3000	3500	4000	4500	5000
1	0.00	0.00	0.00	0.00	0.00	0.00	0.00
2	0.00	0.00	0.00	0.00	0.00	0.00	0.00
3	0.00	0.00	0.00	0.00	0.00	0.00	0.00
4	20.73	0.00	0.00	0.00	0.00	0.00	0.00
5	1277.78	7.85	0.00	0.00	0.00	0.00	0.00
6	3413.75	1206.83	182.32	0.00	0.00	0.00	0.00
7	6819.87	3600.55	1524.69	302.63	3.57	0.00	0.00
8	9271.31	5166.18	2947.06	1443.98	443.90	38.84	0.00
9	20573.39	12359.10	7237.16	4402.46	2794.64	1418.58	611.91
10	59573.74	44218.54	31526.99	21996.99	15332.75	11027.11	8131.89

上述结果是基于吉林省 2008 年微观数据计算得出的，由于吉林省工资水平偏低[①]，使用吉林省工资水平模拟所得结论可能并不具有代表性。为了分析税收制度改革对高工资省份的作用效果，将吉林省 2008 年的个体工资数据继续时化至 2009 年和 2010 年，时化后 2009 年吉林省平均工资水平为 28863 元，相当于 2008 年全国的平均工资水平；而 2010 年吉林省平均工资水平为 34726 元，相当于高工资省份浙江省 2008 年平均工资水平（参见表 6.3.5）[②]。

表 6.3.5　　　吉林省、浙江省和全国的平均工资水平

省　份	2004	2005	2006	2007	2008	2009	2010
吉林省	12431	14409	16583	20513	24253	28863	34726
浙江省	23506	25896	27820	31086	34125	—	—
全　国	16024	18364	21001	24932	28894	—	—

---

① 2006 年吉林省平均工资水平为 16583 元，在除港澳台之外的 31 个省市中排在第 27 位，全国平均工资水平为 21001 元，全国平均工资水平为吉林省平均工资水平的 1.266 倍。

② 2004 年至 2007 年工资数据来自于相应年份的《中国统计年鉴》，2008 年至 2010 年的工资数据通过时化得到。

第六章 工薪所得税减除费用标准提升的劳动供给效应

如果吉林省的工资收入分布与浙江省甚至全国的工资收入分布相近，则可以应用吉林省 2009 年和 2010 年的微观数据近似估算出减除费用标准提升在全国和浙江省的作用效果。由于相对于 2008 年，2010 年市场工资水平有较大提升，导致女性劳动参与率提升较大（由 57.47%上升至 74.65%）。表 6.3.6 给出了 2010 年吉林省在不同工薪所得税减除费用标准情景下的女性劳动供给情况，可以发现随着工薪所得税减除费用标准的不断提升，参与条件下的月工作时间和总劳动供给仍呈不断上升趋势，劳动供给增长幅度呈波动下降趋势，且与 2008 年相比，增长幅度没有明显变化。

表 6.3.6　　　2010 年吉林省在不同工薪所得税减除费用标准情景下的女性劳动供给情况

减除标准	2000	2500	3000	3500	4000	4500	5000
月工作时间	159.02	160.18	161.51	162.78	164.30	165.49	166.16
劳动供给时间	118.71	119.58	120.57	121.51	122.65	123.54	124.04

表 6.3.7 给出了 2010 年吉林省城镇居民 10 等分组税后工薪收入随所得税减除费用标准提升的变动情况。可以发现低收入的两个组税后工资基本未发生变化，原因在于其工薪收入仍未达到任何减除费用标准；第三收入组随着收入的提升，税后工资发生轻微变化；而中等收入以上的 5 个组税后工资发生明显变化，且随着收入的提升其收益越来越大。

表 6.3.7　　　2010 年吉林省城镇居民税后工薪收入随所得税减除费用标准提升的变动情况

收入组	2000	2500	3000	3500	4000	4500	5000
1	950.43	950.43	950.43	950.43	950.43	950.43	950.43
2	1572.45	1572.45	1572.45	1572.45	1572.45	1572.45	1572.45
3	2069.50	2074.38	2074.38	2074.38	2074.38	2074.38	2074.38
4	2580.57	2595.62	2599.41	2599.41	2599.41	2599.41	2599.41
5	3176.45	3199.87	3218.21	3224.57	3224.83	3224.83	3224.83
6	3975.92	4028.32	4059.74	4076.43	4091.94	4097.75	4100.86

续表

收入组	2000	2500	3000	3500	4000	4500	5000
7	5000.10	5087.85	5135.59	5174.55	5205.29	5225.84	5236.80
8	6128.85	6216.78	6310.48	6409.64	6479.96	6517.69	6542.11
9	7510.50	7648.00	7783.90	7898.24	8022.85	8132.07	8215.26
10	11233.41	11387.54	11533.68	11688.54	11885.44	12058.79	12184.06

随着市场工资水平的进一步提升，居民收入差距进一步扩大。同时，随着所得税减除费用标准的不断提升，可以发现收入不平等水平再次扩大（参见表6.3.8），原因在于越来越多的高收入居民受益越来越大。因此，随着市场工资水平的增长，单纯提高所得税减除费用标准仍会使得居民收入差距不断扩大。

随着经济不断发展，市场工资水平不断提升，政府税收额度不断增加（参见表6.3.9）。但随着减除费用标准的逐渐提升，纳税额度仍明显逐渐减少，导致政府税收收入出现大幅降低。在所得税减除费用标准为2000元情境下，两个最高收入组纳税金额占总纳税金额的72.57%；而在减除费用标准为2500元情境下，两个最高收入组纳税金额占总纳税金额的78.03%，说明即使要满足税负公平性准则，所得税减除费用标准也仅只需提高至2500元即可，无进一步提高减除费用标准的必要。

表6.3.8　　2010工资水平下收入不平等随所得税减除费用标准提升的变动情况

不平等水平	2000	2500	3000	3500	4000	4500	5000
Gini	0.3749	0.3769	0.3794	0.3821	0.3852	0.3880	0.3900
Kakwani	0.1232	0.1246	0.1261	0.1278	0.1297	0.1315	0.1327
Theil	0.2490	0.2524	0.2560	0.2597	0.2640	0.2675	0.2701

表6.3.9　　2010年工资水平下纳税额度随所得税减除费用标准提升的变动情况

收入组	2000	2500	3000	3500	4000	4500	5000
1	0.00	0.00	0.00	0.00	0.00	0.00	0.00
2	0.00	0.00	0.00	0.00	0.00	0.00	0.00

续表

收入组	2000	2500	3000	3500	4000	4500	5000
3	256.15	0.00	0.00	0.00	0.00	0.00	0.00
4	2365.32	308.58	0.00	0.00	0.00	0.00	0.00
5	6734.66	2820.16	611.94	8.88	0.00	0.00	0.00
6	13269.38	7746.76	4154.18	1755.61	468.18	40.28	0.00
7	22271.41	14440.62	9442.18	5913.40	3297.43	1522.36	489.68
8	36874.20	25459.15	16273.04	10441.89	7663.32	5056.29	2952.46
9	59570.93	45156.73	32634.10	22167.18	14551.21	10191.68	7376.45
10	156800.6	135164.4	115228.9	97690.5	81949.8	67868.6	55562.4

第四节 本章结论

依据2006年吉林省入户调查数据，研制了行为微观模拟模型，分析了工薪所得税减除费用标准提升的作用效果。研究结果表明，随着工薪所得税减除费用标准的不断提升，已婚女性劳动供给时间呈现轻微上升趋势，其主要原因在于工作时间弹性较低且边际税率较低导致的工资率增幅较低。随着工薪所得税减除费用标准的不断提升，高收入群体受益越来越大，而中低收入群体却没有在税制改革中受益，导致居民收入差距不断扩大。根据边际消费倾向递减原理，高收入群体消费弹性较低，增加的收入用于消费的比例较低，因而提升减除费用标准无法达到有效刺激消费和拉动内需的目的。同时，随着减除费用标准的不断提升，纳税群体规模越来越小，这不仅会导致政府税收收入的不断减少，而且容易导致广大民众纳税意识的淡漠和社会责任感的降低。

因此，单纯的工薪所得税减除费用标准提升无法达到有效地促进就业、缩小居民收入差距、刺激居民消费和稳定政府税收收入的公共政策设计目标。因此，中国未来工薪所得税制度改革的方向应该是合理地划分税收区间和提高边际税率。在税制改革的同时，一方面通过积极的劳动力市场政策（如就业扶持计划、最低工资制度和专业技能培训计划等）促进低收入群体就业，另一方面通过收入维持政策

(最低生活保障制度和失业保险制度等）保障低收入群体基本生活需要。只有通过对公共政策体系进行全面合理的设计和实施，才能达到有效促进就业、缩小居民收入差距、刺激消费和维持财政收支基本平衡的政策目标。

本书结论

依据中国城镇劳动力市场的微观调查数据，应用微观经济计量方法分析了城镇居民劳动供给行为的基本特征，分别估计了城镇居民的劳动参与和工作时间对于工资率和非劳动收入变动的反应，并进一步分析了地方政府实施的就业扶持政策和经济学界存在较大争议的个人所得税减除费用标准提升的劳动供给效应。本书的经验研究得出如下结论：

（1）城镇居民对工资率和非劳动收入变动的劳动参与反应大于工作时间反应，女性对工资率和非劳动收入变动的劳动参与反应和工作时间反应均大于男性对工资和非劳动收入变动的劳动参与反应和工作时间反应，因此，政府设计和实施促进城镇居民（尤其是女性）劳动参与的劳动力市场政策将会有效地增加城镇劳动力市场的劳动供给。随着家庭收入的提高，城镇居民劳动参与的工资弹性和收入弹性均呈现递减趋势，且低收入群体劳动参与的工资弹性和收入弹性要明显大于其他收入群体的工资弹性和收入弹性，因此，政府设计和实施针对低收入群体（而非高收入群体）的劳动力市场政策，将能够有效地增加城镇劳动力市场的劳动供给，并在较大程度上缓解城镇居民的失业问题。城镇居民男性和女性就业差异的大部分是由可观测特征差异无法解释的，城镇劳动力市场上存在着明显的就业性别歧视；东中西三个区域内部就业的性别差异存在着明显不同，但就业的性别歧视程度却无明显差异，就业歧视程度与经济发展水平无显著联系。

（2）农民工群体随着年龄的增长，个体倾向于减少工作时间，但随着经验的增长，个体倾向于增加工作时间。由于经验的边际贡献大于年龄的边际贡献，说明向城市迁移时相对较年轻的个体在劳动供给方面占有优势，政府应鼓励年轻的农村剩余劳动力尽早向城市迁移，尽早地融入城市将有助于其工作经验的积累，进而有助于其收入水平的提升。农村迁移家庭中女性和男性的工作时间曲线均向右下倾斜，表明农村迁移家庭的收入水平较低，为维持家庭在城市的基本生活需要，农村迁移劳动力不得不工作较长的时间。长时间的工作使得迁移劳动力缺少机会进行人力资本投资，而较低的人力资本水平又进一步限制了他们收入水平的提升；农民工稳定就业比显著低于城镇工，主要原因在于其教育水平和工作经验与城镇工存在较大的差距，市场歧视所产生的影响小于这两类人力资本差距的影响；女性农民工的就业稳定性尽管存在着户籍和性别的双重负效应，但双重负效应仍低于人力资本差距的影响。此外，城镇公共就业服务对农民工较低的覆盖率以及农民工与城镇工就业的行业差异也对就业稳定性差异给出了一定程度的解释。

（3）居民贫困群体的劳动供给具有充分的工资弹性，就业扶持政策能够显著促进贫困群体的就业。由于城镇贫困的主要成因是居民失业，因此政府设计和实施积极的劳动力市场政策（而非收入维持政策），不仅能够有效地增加城镇劳动力市场的劳动供给，而且有助于削减城镇贫困和抑制居民收入差距的持续扩大；城镇居民纳税群体劳动供给的工资弹性较小，随着工薪所得税减除费用标准的不断提升，虽然城镇女性纳税群体工作时间呈现轻微上升趋势，但导致居民收入差距的不断扩大和政府税收收入的不断减少。因此，单纯提升工薪所得税减除费用标准无法达到促进城镇居民就业，调整居民收入差距的政策目标。

主要参考文献

中文参考文献

白南生、李靖、陈晨:《子女外出务工、转移收入与农村老人农业劳动供给——基于安徽省劳动力输出集中地三个村的研究》,《中国农村经济》2007 年第 10 期。

蔡昉、王美艳:《中国城镇劳动参与率的变化及其政策含义》,《中国社会科学》2004 年第 4 期。

蔡昉、都阳、王美艳:《中国劳动力市场转型与发育》,商务印书馆 2005 年版。

蔡昉:《中国人口流动方式与途径》,社会科学文献出版社 2001 年版。

曾湘泉、卢亮:《我国劳动力供给变动预测分析与就业战略的选择》,《教学与研究》2008 年第 7 期。

车翼、王元月、马驰骋:《老年劳动者劳动供给行为的 Logistic 经验研究》,《数量经济与技术经济研究》2007 年第 1 期。

陈卫民:《中国城镇妇女就业模式及相关的社会政策选择性》,《中国人口科学》2002 年第 1 期。

邓曲恒:《城镇居民与流动人口的收入差异:基于 Oaxaca – Blinder 和 Quantile 方法的分解》,《中国人口科学》2007 年第 2 期。

丁赛、董晓媛、李实:《经济转型下的中国城镇女性就业、收入及其对家庭收入不平等的影响》,《经济学(季刊)》2007 年第 6 期。

丁仁船:《家庭经济因素对城镇个人劳动供给决策的影响》,《人口与经济》2009 年第 4 期。

丁仁船:《转型时期中国城镇劳动供给影响因素研究》,博士学位论文,华东师范大学，2007年。

都阳：《教育对贫困地区农户非农劳动供给的影响因素研究》，《中国人口科学》1999年第6期。

都阳：《影子工资率对农户劳动供给水平的影响——对贫困地区农户劳动力配置的经验研究》，《中国农村观察》2000年第5期。

杜凤莲：《家庭结构、儿童看护与女性劳动参与：来自中国非农村的证据》，《世界经济文汇》2008年第2期。

弓秀云、秦富：《家庭非农劳动供给时间的影响因素分析》，《技术经济》2007年第6期。

弓秀云、秦富：《林业主产区农户影子工资对家庭劳动供给影响的实证分析》，《技术经济》2008年第9期。

郭凤鸣、张世伟：《教育和户籍歧视对城镇工和农民工工资差异的影响》，《农业经济问题》2011年第6期。

郭继强：《农民劳动供给行为的统一性解读》，《经济学家》2008年第2期。

郭继强：《中国城市次级劳动力市场中民工劳动供给分析》，《中国社会科学》2005年第5期。

韩长赋：《中国农民工发展趋势与展望》，《经济研究》2006年第12期。

胡伟清、张宗益：《农民工劳动供给行为的理论分析》，《理论与改革》2007年第4期。

黄乾：《城市农民工的就业稳定性及其工资效应》，《人口研究》2009年第3期。

吉林省统计局：《吉林省统计年鉴》（历年），中国统计出版社。

李琴、宋月萍：《劳动力流动对农村老年人农业劳动时间的影响以及地区差异》，《中国农村经济》2009年第5期。

刘靖：《非农就业、母亲照料与儿童健康——来自中国乡村的证据》，《经济研究》2008年第3期。

刘妍、李岳云：《城市外来农村劳动力非正规就业的性别差异分析——以南京市为例》，《中国农村经济》2007年第12期。

刘晓昀、Terry Sicular、辛贤：《中国农村劳动力非农就业的性别差异》，《经济学季刊》2003年第3期。

陆铭、葛苏勤：《经济转轨中的劳动供给变化趋势：理论、实证及含义》，《上海经济研究》2000年第4期。

罗楚亮：《就业稳定性与工资收入差距研究》，《中国人口科学》2008年第4期。

罗小兰：《向右下倾斜的非农劳动供给曲线——来自中国健康和营养调查的证据》，《中国农村经济》2007年第10期。

聂丹：《农民工低工资率与国民福利损失的经济学分析——对经典劳动供给理论的拓展》，《财经研究》2007年第10期。

庞丽华、Scott Rozelle、Alan de Brauw：《中国农村老年人的劳动供给研究》，《经济学（季刊）》2003年第3期。

盛来运：《中国农村劳动力外出的影响因素分析》，《中国农村观察》2007年第3期。

宋湛：《劳动供给曲线的斜率与劳动才市场的敛散性》，《首都经济贸易大学学报》2002年第3期。

孙志军：《中国教育个人收益率研究：一个文献综述及其政策含义》，《中国人口科学》2004年第5期。

谭岚：《中国经济转型中城镇女性劳动供给行为分析》，博士学位论文，浙江大学，2005年。

童玉芬、齐晓娟：《北京市劳动力供量变动及影响因素的实证研究》，《北京社会科学》2008年第2期。

万鲁建、李月：《我国劳动力供给优势减弱与劳动力转移的优化》，《天津社会科学》2009年第2期。

王金营、蔺丽莉：《中国人口劳动参与率与未来劳动力供给分析》，《人口学刊》2006年第4期。

王美艳：《城市劳动力市场上的就业机会与工资差异——外来劳动力就业与报酬研究》，《中国社会科学》2005年第5期。

王美艳：《劳动力迁移对中国农村经济影响的研究综述》，《中国农村观察》2006年第3期。

谢嗣胜、姚先国：《农民工工资歧视的计量分析》，《中国农村经济》2006年第4期。

姚先国、谭岚：《家庭收入与中国城镇已婚妇女劳动参与决策分析》，

《经济研究》2005年第7期。

于洪:《我国个人所得税税负归宿与劳动力供给的研究》,《财经研究》2004年第4期。

余显才:《所得税劳动供给效应的实证研究》,《管理世界》2006年第1期。

袁书华:《农民工劳动力供给行为的经济学分析》,《中国劳动关系学院学报》2009年第2期。

张车伟、吴要武:《城镇就业、失业和劳动参与:现状、问题和对策》,《中国人口科学》2003年第6期。

张车伟、吴要武:《城镇劳动供求形势与趋势分析》,《中国人口科学》2005年第5期。

张世伟、周闯:《城市贫困群体就业扶持政策的劳动供给效应——一个基于自然实验的研究》,《经济评论》2008年第6期。

张世伟、万相昱、樊立庄:《个人所得税制度改革的微观模拟》,《吉林大学社会科学学报》2006年第5期。

张世伟、周闯、万相昱:《个人所得税制度改革的劳动供给效应——基于自然实验的研究途径》,《吉林大学社会科学学报》2008年第4期。

章元、高汉:《城市二元劳动力市场对农民工的户籍与地域歧视——以上海市为例》,《中国人口科学》2011年第5期。

中华人民共和国国家统计局:《中国统计年鉴》(2004—2007),中国统计出版社。

钟钰、蓝海涛:《中国农村劳动力的变动及剩余状况分析》,《中国人口科学》2009年第6期。

周闯、张世伟:《中国城镇居民的劳动供给行为——倒S型劳动供给曲线在中国城镇劳动力市场上的实证检验》,《财经科学》2009年第11期。

周也:《中国劳动力供给总量分析》,《财经问题研究》2009年第11期。

外文参考文献

Aaberge, Rolf, Ugo Colombino, Steinar Strøm. "Labor Supply in Italy: An Empirical Analysis of Joint Household Decisions, with Taxes and Quantity

Constraints." *Journal of Applied Econometrics*, Vol. 14, No. 4, 1999.

Alogoskoufis, George S. "On Intertemporal Substitution and Aggregate Labor Supply." *Journal of Political Economy*, Vol. 95, No. 5, 1987.

Altonji, Joseph G. "Intertemporal Substitution in Labor Supply: Evidence from Micro Data." *Journal of Political Economy*, Vol. 94, No. 3, 1986.

Altonji, Joseph G. "The Intertemporal Substitution Model of Labour Market Fluctuations: An Empirical Analysis." *Review of Economic Studies*, Vol. 49, No. 5, 1982.

Arcand, Jean-Louis, Béatrice D'Hombres. "Racial Discrimination in the Brazilian Labour Market: Wage, Employment and Segregation Effects." *Journal of International Development*, Vol. 16, No. 8, 2004.

Arellano, Manuel, Costas Meghir. "Female Labour Supply and On-The-Job Search: An Empirical Model Estimated Using Complementary Data Sets." *Review of Economic Studies*, Vol. 59, No. 3, 1992.

Arrufat, Jose L., Antonio Zabalza. "Female Labor Supply with Taxation, Random Preferences, and Optimization Errors." *Econometrica*, Vol. 54, No. 1, 1986.

Beckman, James J., Thomas E. Macurdy. "A Life Cycle Model of Female Labor Supply." *Review of Economic Studies*, Vol. 47, No. 1, 1980.

Ben-Porath, Yoram, and Reuben Gronu. "Jewish Mother Goes To Work: Trends in the Labor Force Participation of Women in Israel, 1955-1980." *Journal of Labor Economics*, Vol. 3, No. 1, 1985.

Berliner, Joseph S. "Education, Labor-Force Participation, and Fertility in the USSR." *Journal of* Comparative Economics, Vol. 7, No. 2, 1983.

Bianchi, Marco, Bjorn R. Gudmundsson, Gylfi Zoega. "Iceland's Natural Experiment in Supply-Side Economics." *American Economic Review*, Vol. 91, No. 5, 2001.

Blanchard, Olivier J., Stanley Fischer. *Lectures on Macroeconomics*. MIT Press, 1989.

Blinder, Alan S. "Wage Discrimination: Reduced Form and Structural Estimates." *Journal of Human Resources*, Vol. 8, No. 4, 1973.

Blomquist, Sören N., Urban Hansson – Brusewitz. "The Effect of Taxes on Male and Female Labor Supply in Sweden." *Journal of Human Resources*, Vol. 25, No. 3, 1990.

Blundell, Richard, Alan Duncan, Costas Meghir. "Estimating Labor Supply Responses Using Tax Reforms." *Econometrica*, Vol. 6, No. 4, 1998.

Blundell, Richard, Alan Duncan, Costas Meghir. "Taxation in Empirical Labour Supply Models: Lone Mothers in the UK." *Economic Journal*, Vol. 102, No. 411, 1992.

Blundell, Richard, Costas Meghir, Elizabeth Symons. "Labour Supply Specification and the Evaluation of Tax Reforms." *Journal of Public Economics*, Vol. 36, No. 1, 1988.

Blundell, Richard, Richard J. Smith. "Coherency and Estimation in Simultaneous Models with Censored or Qualitative Dependent Variables." *Journal of Econometrics*, Vol. 64, No. 1, 1994.

Blundell, Richard, Ian Walker. "A Life – Cycle Consistent Empirical Model of Family Labour Supply Using Cross – Section Data." *Review of Economic Studies*, Vol. 53, No. 4, 1986.

Bourguignon, Francois, Thierry Magnac. "Labor Supply and Taxation in France." *Journal of Human Resources*, Vol. 25, No. 3, 1990.

Bourguignon, François, Amedeo Spadaro. "Microsimulation as a Tool for Evaluating Redistribution Policies." *Journal of Economic Inequality*, Vol. 4, No. 1, 2006.

Bover, Olympia. "Estimating Intertemporal Labour Supply Elasticities Using Structural Model." *The Economic Journal*, Vol. 99, No. 398, 1989.

Brewer, Mike, et al. "Did Working Families' Tax Credit Work? The Impact of In – Work Support on Labour Supply in Great Britain." *Labour Economics*, Vol. 13, No. 6, 2006.

Browning, Martin, Angus Deaton, Margaret Irish. "A Profitable Approach to Labor Supply and Commodity Demands over the Life – Cycle." *Econometrica*, Vol. 53, No. 3, 1985.

Cameron, Colin A, Pravin K. Trivedi. *Microeconometrics: Methods and Appli-*

cations. Cambridge: Cambridge University Press, 2005.

Campbell, Donald T. "Reforms as Experiments." *American Psychologist*, Vol. 24, No. 4, 1969.

Campolieti, Michele. "Disability and the Labor Force Participation of Older Men in Canada." *Labour Economics*, Vol. 9, No. 3, 2002.

Chiappori, Pierre – Andre. "Collective Labor Supply and Welfare." *Journal of Political Economy*, Vol. 100, No. 3, 1992.

Chiappori, Pierre – Andre. "Introducing Household Production in Collective Models of Labor Supply." *Journal of Political Economy*, Vol. 105, No. 1, 1997.

Chiappori, Pierre – André. "Rational Household Labor Supply." *Econometrica*, Vol. 56, No. 1, 1988.

Colombino, Ugo, and Daniela del Boca. "The Effect of Taxes on Labor Supply in Italy." *Journal of Human Resources*, Vol. 25, No. 3, 1990.

Creedy, John, Alan Duncan. "Aggregating Labour Supply and Feedback Effects in Microsimulation." *Australian Journal of Labour Economics*, Vol. 8, No. 3, 2005.

Creedy, John, Alan Duncan. "Behavioural Microsimulation with Labour Supply Responses." *Journal of Economic Surveys*, Vol. 16, No. 1, 2002.

Creedy, John. *Microsimulation Modelling of Taxation and the Labour Market*. Northampton: Edward Elgar Publishing, 2002.

Danziger, Sheldon, Robert Haveman, Robert Plotnick. "How Income Transfer Programs Affect Work, Savings, and the Income Distribution: A Critical Review." *Journal of Economic Literature*, Vol. 19, No. 3, 1981.

Dessing, Maryke. "Labor Supply, the Family and Poverty: The S – Shaped Labor Supply Curve." *Journal of Economic Behavior & Organization*, Vol. 49, No. 4, 2002.

Dowling, J. Malcolm, Christopher Worswick. "Labor Market Participation of Urban Women in Southeast Asia by Migration Status: Evidence from Microdata." *Journal of Asian Economics*, Vol. 10, No. 1, 1999.

Edwards, Alejandra C., Judith Roberts. "Macroeconomic Influences on Female Labor Force Participation: The Latin American Evidence." *Estudios De Economia*, 1993, 20 (6): 87 - 106.

Ehrenberg, Ronald G., Robert S. Smith. *Modern Labor Economics: Theory and Public Policy* (8*th Ed.*). Pearson Education, Inc, 2003.

El - Osta, Hisham S., Ashok K. Mishra, Mitchell J. Morehart. "Off - Farm Labor Participation Decisions of Married Farm Couples and the Role of Government Payments." *Applied Economic Perspectives and Policy*, Vol. 30, No. 2, 2008.

Fairlie, Robert W. "An Extension of the Blinder - Oaxaca Decomposition Technique to Logit and Probit Models." *Journal of Economic and Social Measurement*, Vol. 30, No. 4, 2005.

Feldstein, Martin. "The Effect of Marginal Tax Rates on Taxable Income: A Panel Study of the 1986 Tax Reform Act." *Journal of Political Economy*, Vol. 103, No. 3, 1995.

Fernández - Sainz, Ana, Juan Rodríguez - Poo. "Estimation and Specification Testing in Female Labor Participation Models: Parametric and Semiparametric Methods." *Econometric Reviews*, Vol. 16, No. 2, 1997.

Finegan, Aldrich T. "Hours of Work in the United States: A Cross - Sectional Analysis." *Journal of Political Economy*, Vol. 70, No. 5, 1962.

Fortin, Bernard, Guy Lacroix. "A Test of the Unitary And Collective Models of Household Labour Supply." *Economic Journal*, Vol. 107, No. 433, 1997.

Franz, Wolfgang, Seiichi Kawasaki. "Labor Supply of Married Women in the Federal Republic of Germany: Theory and Empirical Results from a New Estimation Procedure." *Empirical Economics*, Vol. 6, No. 1, 1981.

Franz, Wolfgang. "An Economic Analysis of Female Work Participation, Education, and Fertility: Theory and Empirical Evidence for the Federal Republic of Germany." *Journal of Labor Economics*, Vol. 3, No. 1, 1985.

Frish, Roni, Noam Zussman. "The Effect of Transfer Payments on the Labor Supply of Single Mothers." *Journal of Socio - Economics*, Vol. 37, No. 2, 2008.

Gerfin, Michael. "Parametric and Semiparametric Estimation of the Binary Response Model of Labour Market Participation." *Journal of Applied Econometrics*, Vol. 11, No. 3, 1996.

Goodwin, Barry K., Matthew T. Holt. "Parametric and Semiparametric Modeling of the Off-Farm Labor Supply of Agrarian Households in Transition Bulgaria." *American Journal of Agricultural Economics*, Vol. 84, No. 1, 2002.

Gorman, William M. "Separable Utility and Aggregation." *Econometrica*, Vol. 27, No. 3, 1959.

Gorman, William M. "The Structure of Utility Functions." *Review of Economic Studies*, Vol. 35, No. 4, 1968.

Gourieroux, Christian, Jean-Jacques Laffont, Alain Monfort. "Coherency Conditions in Simultaneous Linear Equation Models with Endogenous Switching Regimes." *Econometrica*, Vol. 48, No. 3, 1980.

Griliches, Zvi. "Estimating the Returns to Schooling: Some Econometric Problems." *Econometrica*, Vol. 45, No. 1, 1977.

Gronau, Reuben. "Wage Comparisons—A Selectivity Bias." *Journal of Political Economy*, Vol. 82, No. 6, 1974.

Gustafsson, Siv, Roger Jacobsson. "Trends in Female Labor Force Participation in Sweden." *Journal of Labor Economics*, Vol. 3, No. 1, 1985.

Hausman, Jerry A., Paul Ruud. "Family Labor Supply with Taxes." *American Economic Review*, Vol. 74, No. 2, 1984.

Hausman, Jerry A. "The Econometrics of Non-Linear Budget Sets." *Econometrica*, Vol. 53, No. 6, 1985.

Heckman, James J. "Shadow Prices, Market Wages, and Labor Supply." *Econometrica*, Vol. 42, No. 4, 1974.

Heckman, James J. "Sample Selection Bias as a Specification Error." *Econometrica*, Vol. 47, No. 1, 1979.

Heckman, James J. "What has been Learned about Labor Supply in the Past Twenty Years?" *American Economic Review*, Vol. 83, No. 1, 1993.

Heim, Bradley T. "The Incredible Shrinking Elasticities Married Female Labor Supply, 1978 – 2002." *Journal of Human Resources*, Vol. 42, No. 4, 2007.

Hill, Anne M. "Female Labor Force Participation in Developing and Developed Countries—Consideration of the Informal Sector." *Review of Economics and Statistics*, Vol. 65, No. 3, 1983.

Hill, Anne M. "Female Labor Force Participation in Japan: An Aggregate Model." *Journal of Human Resources*, Vol. 19, No. 2, 1984.

Horowitz, Joel L. "A Smoothed Maximum Score Estimator for the Binary Response Model." *Econometrica*, Vol. 60, No. 3, 1992.

Horowitz, Joel L. "Semiparametric Estimation of a Work – Trip Mode Choice Model." *Journal of Econometrics*, Vol. 58, No. 1, 1993.

Hoynes, Hilary. "Welfare Transfers in Two Parent Families: Labour Supply and Welfare Participation under AFDC – UP." *Econometrica*, Vol. 64, No. 2, 1996.

Hsiao, Cheng, Qi Li, and Jeffrey S. Racine. "A Consistent Model Specification Test with Mixed Discrete and Continuous Data." *Journal of Econometrics*, Vol. 14, No. 2, 2007.

Ichimura, Hidehiko. "Semiparametric Least Squares (SLS) and Weighted SLS Estimation of Single – Index Models." *Journal of Econometrics*, Vol. 58, No. 1, 1993.

Iglesias, Feliciano H., Michelle Riboud. "Trends in Labor Force Participation of Spanish Women: An Interpretive Essay." *Journal of Labor Economics*, Vol. 3, No. 1, 1985.

Juhn, Chinhui. "Decline of Male Labor Market Participation: The Role of Declining Market Opportunities." *Quarterly Journal of Economics*, Vol. 107, No. 1, 1992.

Khandker, Shahidur R. "Labor Market Participation of Married Women in Bangladesh." *Review of Economics and Statistics*, Vol. 69, No. 3, 1987.

Killingsworth, Mark R. *Labor Supply*. Cambridge: Cambridge University Press, 1983.

Klein, Roger W., Richard H. Spady. "An Efficient Semiparametric Estimator for Binary Response Models." *Econometrica*, Vol. 61, No. 2, 1993.

Kuroda, Sachiko, Isamu Yamamoto. "Estimating Frisch Labor Supply Elasticity in Japan." *Journal of the Japanese and International Economies*, Vol. 22, No. 4, 2008.

Labeaga, José M., Xisco Oliver, Amedeo Spadaro. "Discrete Choice Models of Labour Supply, Behavioural Microsimulation and the Spanish Tax Reforms." *Journal of Economic Inequality*, Vol. 6, No. 3, 2008.

Lefebvre, Pierre, Philip Merrigan. "Child – Care Policy and the Labor Supply of Mothers with Young Children: A Natural Experiment from Canada." *Journal of Labor Economics*, Vol. 26, No. 3, 2008.

Li, Haizheng, Jeffrey S. Zax. "Labor Supply in Urban China." *Journal of Comparative Economics*, Vol. 31, No. 4, 2003.

Livanos, Ilias, Çagri Yalkin, Imanol Nuñez. "Gender Employment Discrimination: Greece and the United Kingdom." *International Journal of Manpower*, Vol. 30, No. 8, 2009.

Lucas, Robert E., Leonard A. Rapping. "Real Wages, Employment, and Inflation." *Journal of Political Economy*, Vol. 77, No. 5, 1969.

Macurdy, Thomas E. "An Empirical Model of Labor Supply in a Life Cycle Setting." *Journal of Political Economy*, Vol. 89, No. 6, 1981.

Macurdy, Thomas E., David Green, Harry Paarsch. "Assessing Empirical Approaches for Analyzing Taxes and Labor Supply." *Journal of Human Resources*, Vol. 25, No. 3, 1990.

Mankiw, Gregory N., Julio J. Rotemberg, Lawrence H. Summers. "Intertemporal Substitution In Macroeconomics." *Quarterly Journal of Economics*, Vol. 100, No. 1, 1985.

Martin, John P., David Grubb. "What Works and for Whom: A Review of OECD Countries' Experiences with Active Labour Market Policies." *Swedish Economic Policy Review*, Vol. 8, No. 2, 2001.

Martins, Maria Fraga O. "Parametric and Semiparametric Estimation of Sample Selection Models: An Empirical Application to the Female Labour Force in Portugal." *Journal of Applied Econometrics*, Vol. 16, No. 1, 2001.

Meyer, Bruce D., Dan T. Rosenbaum. "Welfare, the Earned Income Tax Credit, and the Labor Supply of Single." *Quarterly Journal of Economics*, Vol. 116, No. 3, 2001.

Meyer, Bruce D. "Labor Supply at the Extensive and Intensive Margins: the EITC, Welfare, and Hours Worked." *American Economic Review*, Vol. 92, No. 2, 2002.

Meyer, Breed D. "Natural and Quasi - Experiments in Economics." *Journal of Business & Economic Statistics*, Vol. 13, No. 2, 1995.

Moffitt, Robert. "Incentive Effects of the US Welfare System: A Review." *Journal of Economic Literature*, Vol. 30, No. 1, 1992.

Moffitt, Robert. "The Econometrics of Piecewise - Linear Budget Constraints: A Survey and Exposition of the Maximum Likelihood Method." *Journal of Business & Economic Statistics*, Vol. 4, No. 3, 1986.

Mohanty, Madhu S. "Do US Employers Discriminate against Females when Hiring Their Employees?" *Applied Economics*, Vol. 30, No. 1, 1998.

Nakamura, Masao, Alice Nakamura, Dallas Cullen. "Job Opportunities, the Offered Wage, and the Labor Supply of Married Women." *American Economic Review*, Vol. 69, No. 5, 1979.

Nakamura, Alice, Masao Nakamura. "A Comparison of the Labor Force Behavior of Married Women in the United States and Canada, with Special Attention to the Impact of Income Taxes." *Econometrica*, Vol. 49, No. 2, 1981.

Nawata, Kazumitsu, Masako Ii. "Estimation of the Labor Participation and Wage Equation Model of Japanese Married Women by the Simultaneous Maximum Likelihood Method." *Journal of the Japanese and International Economies*, Vol. 18, No. 3, 2004.

Nawata, Kazumitsu. "A Note on the Estimation of Models with Sample - Selection Biases." *Economics Letters*, Vol. 42, No. 1, 1993.

Nawata, Kazumitsu. "Estimation of Sample - Selection Models by the Maximum Likelihood Method." *Mathematics and Computers in Simulation*, Vol. 39, No. 3 - 4, 1995.

Nawata, Kazumitsu. "Estimation of Sample Selection Bias Models by the

Maximum Likelihood Estimator and Heckman's Two – Step Estimator. " *Economics Letters*, Vol. 45, No. 1, 1994.

Nerlove, Marc. "A Note on Error Components Models. " *Econometrica*, Vol. 39, No. 2, 1971.

Nielsen, Helena Skyt. "Discrimination and Detailed Decomposition in a Logit Model. " *Economics Letters*, Vol. 61, No. 1, 1998.

Oaxaca, Ronald. "Male – Female Wage Differentials in Urban Labor Markets. " *International Economic Review*, Vol. 14, No. 3, 1973.

Oaxaca, Ronald L. , Michael R. Ransom. "On Discrimination and the Decomposition of Wage Differentials. " *Journal of Econometrics*, Vol. 61, No. 1, 1994.

Ofer, Gur, Aaron Vinokur. "Work and Family Roles of Soviet Women: Historical Trends and Cross – Section Analysis. " *Journal of Labor Economics*, Vol. 3, No. 1, 1985.

Omulka, Joanna, Nicholas Stern. "The Employment of Married Women in the United Kingdom 1970 – 83. " *Economica*, Vol. 57, No. 266, 1990.

Orcutt, Guy H. "A New Type of Socio – Economic System. " *Review of Economics and Statistics*, Vol. 39, No. 2, 1957.

Parsons, Donald O. "The Decline in Male Labor Force Participation. " *Journal of Political Economy*, Vol. 88, No. 1, 1980.

Patrinos, Harry, Chris Sakellariou. "Schooling and Labor Market Impacts of a Natural Policy Experiment. " *Labour*, Vol. 19, No. 4, 2009.

Riboud, Michelle. "An Analysis of Women's Labor Force Participation in France: Cross – Section Estimates and Time – Series Evidence. " *Journal of Labor Economics*, Vol. 3, No. 1, 1985.

Robinson, Chris, Nigel Tomes. "More on the Labour Supply of Canadian Women. " *Canadian Journal of Economics*, Vol. 18, No. 1, 1985.

Shamsuddin, Abul F. "The Double – Negative Effect on the Earnings of Foreign – Born Females in Canada. " *Applied Economics*, Vol. 30, No. 9, 1998.

Shimada, Haruo, Yoshio Higuchi. "An Analysis of Trends in Female Labor

Force Participation in Japan." *Journal of Labor Economics*, Vol. 3, No. 1, 1985.

Shimizutani, Satoshi, Wataru Suzuki, Haruko Noguchi. "The Socialization of at-Home Elderly Care and Female Labor Market Participation: Micro-Level Evidence from Japan." *Japan and the World Economy*, Vol. 20, No. 1, 2008.

Smith, Barry J., Morton Stelcner. "Labour Supply of Married Women in Canada, 1980." *Canadian Journal of Economics*, Vol. 21, No. 4, 1988.

Smith, James P., Michael P. Ward. "Time-Series Growth in the Female Labor Force." *Journal of Labor Economics*, Vol. 3, No. 1, 1985.

Stelcner, Morton, Jon Breslaw. "Income Taxes and the Labor Supply of Married Women in Quebec." *Southern Economic Journal*, Vol. 51, No. 4, 1985.

Triest, Robert K. "The Effect of Income Taxation on Labor Supply in the United States." *Journal of Human Resources*, Vol. 25, No. 3, 1990.

van Soest, Arthur. "Structural Models of Family Labor Supply: A Discrete Choice Approach." *Journal of Human Resources*, Vol. 30, No. 1, 1995.

van Soest, Arthur, Isolde Woittiez, and Arie Kapteyn. "Labor Supply, Income Taxes, and Hours Restrictions in the Netherlands." *Journal of Human Resources*, Vol. 25, No. 3, 1990.

van Soest, Arthur. "Structural Models of Family Labor Supply: A Discrete Choice Approach." *Journal of Human Resources*, Vol. 30, No. 1, 1995.

Wales, Terence J., Alan D. Woodland. "Labour Supply and Progressive Taxes." *Review of Economic Studies*, Vol. 46, No. 1, 1979.

Winston, Gordon C. "An International Comparison of Income and Hours of Work." *Review of Economics and Statistics*, Vol. 48, No. 1, 1966.

Yamada, Tetsuji. "The Labor Force Participation of Elderly Males in Japan." *Journal of the Japanese and International Economies*, Vol. 4, No. 1, 1990.

Ziliak, James P., Thomas J. Kniesner. "Extimating Life Cycle Labor Supply Tax Effects." *Journal of Political Economy*, Vol. 107, No. 2, 1999.